Peter F. Drucker, Joan Snyder Kuhl
und Frances Hesselbein

Die fünf Fragen des Managements für Führungskräfte von heute

Übersetzt von Marlies Ferber

Die englische Originalausgabe des Buches erschien 2015 unter dem Titel *Peter Drucker's Five Most Important Questions. Enduring Wisdom for Young Leaders* bei John Wiley & Sons, Inc., Hoboken, New Jersey.

Copyright © 2014 by the Frances Hesselbein Leadership Institute.

All rights reserved. This translation published under license with the original publisher John Wiley & Sons, Inc.

1. Auflage 2015

Alle Bücher von Wiley-VCH werden sorgfältig erarbeitet. Dennoch übernehmen Autoren, Herausgeber und Verlag in keinem Fall, einschließlich des vorliegenden Werkes, für die Richtigkeit von Angaben, Hinweisen und Ratschlägen sowie für eventuelle Druckfehler irgendeine Haftung.

Bibliografische Information der Deutschen Nationalbibliothek
Die Deutsche Nationalbibliothek verzeichnet diese Publikation in der Deutschen Nationalbibliografie; detaillierte bibliografische Daten sind im Internet über <http://dnb.d-nb.de> abrufbar.

© 2015 Wiley-VCH Verlag & Co. KGaA, Boschstr. 12, 69469 Weinheim, Germany

Alle Rechte, insbesondere die der Übersetzung in andere Sprachen, vorbehalten. Kein Teil dieses Buches darf ohne schriftliche Genehmigung des Verlages in irgendeiner Form – durch Photokopie, Mikroverfilmung oder irgendein anderes Verfahren – reproduziert oder in eine von Maschinen, insbesondere von Datenverarbeitungsmaschinen, verwendbare Sprache übertragen oder übersetzt werden. Die Wiedergabe von Warenbezeichnungen, Handelsnamen oder sonstigen Kennzeichen in diesem Buch berechtigt nicht zu der Annahme, dass diese von jedermann frei benutzt werden dürfen. Vielmehr kann es sich auch dann um eingetragene Warenzeichen oder sonstige gesetzlich geschützte Kennzeichen handeln, wenn sie nicht eigens als solche markiert sind.

Satz: Kühn & Weyh, Satz und Medien, Freiburg

Umschlaggestaltung: Christian Kalkert, Buchkunst & Illustration, Birken-Honigsessen

Druck und Bindung: Regal Printing Limited, Hong Kong

Print ISBN: 978-3-527-50833-4

ePub ISBN: 978-3-527-69791-5

mobi ISBN: 978-3-527-69792-2

Inhaltsverzeichnis

Vorwort 7

Einleitung 17

Über Peter F. Drucker 25

Warum Selbsteinschätzung? 31

   Peter F. Drucker

Frage 1: Was ist unsere Mission? 41

   Peter F. Drucker mit Jim Collins, Kelly Goldsmith, Marshall Goldsmith und Michael Radparvar

Frage 2: Wer ist unser Kunde? 65

   Peter F. Drucker mit Philip Kotler, Raghu Krishnamoorthy und Luke Owings

Frage 3: Worauf legt der Kunde Wert? 95

   Peter F. Drucker mit Jim Kouzes, Kass Lazerow, Mike Lazerow und Nadira Hira

Frage 4: Was sind unsere Ergebnisse? 119

    Peter F. Drucker mit Judith Rodin, Bernard Banks und Adam Braun

Frage 5: Was ist unser Plan? 145

    Peter F. Drucker mit V. Kasturi Rangan, Juana Bordas und Caroline Ghosn

Transformative Führung 187

    Frances Hesselbein mit Lauren Maillian Bias

Der Prozess der Selbsteinschätzung 201

    Peter F. Drucker

Zur Untersuchung empfohlene Fragen 205

Anmerkungen 221

Glossar 225

Zu den Mitwirkenden 229

Über das Frances Hesselbein Leadership Institute 237

Danksagung 241

Ergänzende Quellen 245

Vorwort

Im Jahr 2000 schrieb Fred Andrews in der *New York Times* über die Peter F. Drucker Foundation for Nonprofit Management – inzwischen das Frances Hesselbein Leadership Institute: »Mit wenig Geld ausgestattet, ist das Institut eine Fundgrube von Management-Wissen für alle, die sich daraus bedienen wollen.« Heute feiern wir den 25. Geburtstag des Instituts. Unsere Arbeit hat sich nicht weit von unserer Arbeit im Jahr 1990 oder 2000 entfernt: Wir veröffentlichen weiterhin die zeitgemäßesten Schriften über Führung und Management; wir stellen wichtige Hilfsmittel zur Mitarbeiterführung zur Verfügung, bieten Rat und Inspiration; wir führen branchenübergreifende Partnerschaften ein, welche Lern- und Wachstumschancen bieten; und wir unterstützen in der Ausbildung befindliche Führungskräfte und Experten rund um den Globus.

Ich bin ermutigt durch die vielen guten Wünsche für die Zukunft von Führungspersönlichkeiten verschiedenster Branchen, welche *Die fünf Fragen* benutzen – und mit diesem Instrument der Selbsteinschätzung ihre Organisationen sowie auch ihre Kunden und ihre Gemeinschaften erreichen, ihre Werte bekräftigen und ihre Mission neu überprüfen.

Als wir die fünf Fragen erstmals veröffentlichten, trafen wir auf viele »Mitreisende« – Fachleute in Unternehmen, hochrangige Führungskräfte, Berufsanwärter, Lehrkörper, Studenten –, die uns sagten, dass die Inspiration und die Führungs-Ressourcen, die wir anbieten und die in der Arbeit von Peter F. Drucker wurzeln, es ihnen ermöglicht haben, unsere Führungs-Philosophie von *Dienen heißt Leben* viel ganzheitlicher zu verkörpern und auch unser auf die Mission fokussiertes, wertebasiertes Leadership-Modell mit anderen Menschen in ihrem weiteren Umfeld zu teilen. Diese Führungskräfte haben erkannt, dass die einfachsten Fragen manchmal am schwierigsten zu beantworten sind. Peter Druckers Fragen sind tiefsinnig, und ihre Beantwortung erfordert von uns absolute und ehrliche Selbsteinschätzung.

Wenn Peter heute bei Ihnen und Ihrer Organisation wäre, würde er, glauben wir, dieselben fünf Fragen stellen, die er entwickelte, als unsere Reise der Selbsteinschätzung begann:[1]

1. Was ist unsere Mission?
2. Wer ist unser Kunde?
3. Worauf legt der Kunde Wert?
4. Was sind unsere Ergebnisse?
5. Was ist unser Plan?

Komplex und von bezwingender Logik – die fünf Fragen sind wesentlich und relevant. Sie können von jeder Organisation heute angewendet werden. Dieses Buch ist konzipiert für die *strategische Selbsteinschätzung von Organisationen*, nicht für die *Programm-Einschätzung* oder für eine *individuelle* Erfolgskontrolle. Es beginnt mit der grundlegenden Frage: Was ist unsere Mission? Es stellt die Frage nach dem Daseinsgrund der Organisation – seinem Sinn und Zweck – und fragt nicht nach dem *Wie*. Die Mission inspiriert; sie ist das, woran man sich später erinnern soll, wenn man an Ihre Organisation denkt. Die sich anschließenden Fragen führen Sie durch den Prozess der Einschätzung, wie gut Sie Ihre Mission erfüllen, endend mit einem messbaren, ergebnisfokussierten, strategischen Plan, um die Mission weiter voranzubringen und die Ziele der Organisation zu erreichen, geleitet von der Vision.

Die letztlichen Nutznießer dieses sehr simplen Prozesses sind die Menschen oder Kunden, die von Ihrer Organisation berührt werden, und zwar, weil Menschen wie Sie die mutige Entscheidung getroffen haben, auf sich selbst und ihre Organisation zu schauen, Stärken und Probleme auszumachen, Veränderungen anzugehen, Innovation zu unterstützen, Kundenfeedback zu akzeptieren und darauf zu reagieren. Sie schauen über den Tellerrand der eigenen Organisation, Sie suchen nach Trends und Chancen, ermutigen zu geplanter Aufgabe von Dingen, die nicht funktionieren, und fordern messbare Ergebnisse ein. In der Vergangenheit haben einige Organisationen sich allein auf ihre guten Taten verlassen. Organisationen der Zukunft werden nur mit messbaren Ergebnissen tragfähig und bedeutsam sein.

Druckers Selbsteinschätzungs-Instrument ist flexibel und anpassbar. Bringen Sie es in jedes beliebige Vorstands- oder Chefzimmer. Benutzen Sie es in jedem Sektor – öffentlich, privat oder sozial. Es spielt keine Rolle, ob die Organisation auf der Fortune-500-Liste der größten multinationalen Unternehmen steht oder ein kleines Start-up-Unternehmen ist, eine große, nationale Regierungsbehörde oder eine, welche Ihrer Stadt oder Region dient, ob es sich um eine milliardenschwere gemeinnützige Stiftung oder um ein Obdachlosenheim mit einem 100 000-Dollar-Budget handelt. Was zählt, ist das Einstehen für die Mission, die Verpflichtung dem Kunden gegenüber, das Engagement für die Zukunft und für Innovation. Selbstfindung ist eine selbstreflektierende und mutige Reise, welche Organisationen und Führungskräften die Energie und den Mut zum Wachsen verleiht.

In dieser erweiterten Ausgabe des unentbehrlichen Instruments haben wir den Kontext der gegenwärtigen Zeiten mit einbezogen, die Entstehung von Unternehmen bzw. Organisationen, die neben dem Profitziel auch Verantwortung für Gesellschaft und Umwelt übernehmen und dieses Engagement gegenüber ihren Kunden, ihren Angestellten, der Umwelt und der Gemeinschaft insgesamt nachweisen; der Einfluss, der von der Generation »Millennium« ausgeht – eine Generation, für welche *Dienen heißt Leben* keine Fremdsprache ist. Für dieses Buch haben aufstrebende und erfahrene Führungskräfte der Zukunft Artikel zu den wirkmächtigen fünf Fragen Druckers verfasst, die uns neue Einblicke bieten.

Für die gespendeten Beiträge unserer hochgeschätzten und renommierten Mitwirkenden an diesem Buch sind wir zutiefst dankbar:

- Bernard Banks, der darlegt, wie wichtig es ist, die Ergebnisse einer Organisation durch das Prisma organisatorischer und persönlicher Werte zu betrachten.
- Lauren Maillian Bias, die über die Wechselbeziehung von persönlichem und beruflichem Erfolg schreibt.
- Juana Bordas, die darüber nachdenkt, wie am besten die Effektivität organisatorischer Planungsprozesse zu bewerten ist und wie jene, die ihre eigenen Unternehmen gründen wollen, die Lektionen für sich nutzen können, die sie aus dem erfolgreichen Start-up von Colorados größter Organisation für lateinamerikanische Frauen gelernt hat.
- Adam Braun, der über das Wesen von Zielsetzung und über das Erreichen von Zielen schreibt und die These aufstellt, dass die Ziellinie für das Erreichen des perfekten Lebens nicht existiert.

- Jim Collins, der beschreibt, wie die Strategie einer Organisation die grundlegende Spannung zwischen Beständigkeit und Veränderung widerspiegelt und wie Organisationen, die besonders gut darin sind, sich Veränderungen anzupassen, allerdings auch ganz genau wissen, was *nicht* verändert werden sollte.
- Caroline Ghosn, die darlegt, dass das Wichtigste, was man als Führungskraft tun kann, das Deutlichmachen einer Vision ist und dass es einen klaren Plan braucht, um die Vision in Handeln umzusetzen – in etwas Handfestes, das die Menschen sich zu eigen machen können.
- Marshall und Kelly Goldsmith, die sich die Frage: »Was ist unsere Mission?« ganz persönlich stellten und herausfanden, dass bei der Herausbildung einer effektiven persönlichen Mission sowohl Glück *als auch* Sinn berücksichtigt werden sollte.
- Nadira Hira, die darauf hinweist, dass Unternehmen heutzutage durch die sozialen Medien mehr denn je Zugang zu einem beständigen Feedback-Strom haben, jedoch nur wenige

Unternehmen wirklich wissen, wie sie ihn effektiv nutzen können.
- Philip Kotler, der inständig dafür plädiert, dass wir uns über unsere Zielkunden klar werden, um diese dann wirklich zufriedenzustellen, anstatt irgendwie zu versuchen, jedem zu gefallen.
- Jim Kouzes, der darauf hinweist, dass alles, was vorbildliche Führungskräfte tun, mit Wertschaffung für ihre Kunden zusammenhängt.
- Raghu Krishnamoorthy, der erklärt, wie General Electric, um weiterhin bedeutend zu bleiben, sich ständig selbst neu entwirft und erfindet, womit das Unternehmen auf die sich heutzutage schnell verändernden Kundenbedürfnisse und globalen Märkte antwortet.
- Joan Snyder Kuhl, die beschreibt, wer die Angehörigen der Millenniums-Generation sind, was sie wollen und warum der weise Input, den Drucker gab, für sie heute noch genauso relevant ist wie für ihre Vorgänger.
- Mike und Kass Lazerow, die die Ankunft einer Kundenrevolution vermelden – einer radikalen Machtverschiebung von den Unternehmen

hin zu ihren Kunden – und wie Unternehmen, und die Menschen, die sie leiten, diese zwingende Herausforderung annehmen und positiv gestalten können.
- Luke Owings, der die Leser davor warnt, die Bedürfnisse der Nebenkunden zu ignorieren und erklärt, inwiefern es die Mission der Organisation weiter voranbringen kann, wenn Bedürfnisse und Motivationen der Nebenkunden verstanden werden.
- Michael Radparvar, der uns etwas über die Ursprünge des populären Holstee-Manifests erzählt und wie dieses Manifest sich zum Leitbild des Unternehmens Holstee entwickelte.
- V. Kasturi Rangan, der beschreibt, was einen guten Aktionsplan ausmacht, und unterstreicht, wie wichtig Planerfüllungskontrolle und das Schließen der Rückkopplungsschleife für den nächsten Planungszyklus sind.
- Judith Rodin, die erklärt, dass ein Plan erst dann als vollständig – oder als zufriedenstellend – betrachtet werden kann, wenn er messbare Ergebnisse hervorbringt und Mechanismen enthält, die ergebnisbasierte Korrekturen während des Ablaufs zulassen.

Diese gut durchdachten Beiträge werden Sie sicherlich inspirieren, und wir freuen uns, wenn Sie diese großzügigen Geschenke voller Weisheit, Erfahrung und intellektueller Energie ebenso dankbar annehmen werden wie wir. Das ursprüngliche Buch *Die fünf entscheidenden Fragen* entsprang der Weisheit und Erfahrung von Peter Drucker. Wir verbreiten hier abermals Peters Weisheit, angereichert mit dem Gedankengut großartiger neuer Führungskräfte. Wir sind Ihnen, unseren Lesern und Unterstützern, unseren Mitreisenden auf dem Weg der unternehmerischen Selbstentdeckung, in großem Dank verbunden.

Frances Hesselbein
Vorsitzende und
Gründungspräsidentin des
Frances Hesselbein Leadership
Institute, New York City

Einleitung

Wertvolle Ratschläge für Führungskräfte von heute

Peter F. Drucker stellte jenen, mit denen er zusammenarbeitete, oft eine einfache Frage: »Woran soll man sich später erinnern, wenn man an Sie denkt?« Wir vom Frances Hesselbein Leadership Institute beantworten diese Frage so: Wir wollen zur Inspiration der nächsten Generation von Führungskräften beigetragen haben. Im Jahr 2009 ging das Hesselbein Institute eine Partnerschaft mit der University of Pittsburgh ein, um die Hesselbein Global Academy for Student Leadership and Civic Engagement zu günden, welche bereits 300 talentierte Studenten aus jedem Kontinent zusammengeführt und mit der Arbeit von Peter F. Drucker und Frances Hesselbein in Kontakt gebracht hat.

Die heutige junge Generation – wir nennen sie auch die Millennials oder Generation Y, geboren zwischen 1980 und 2000 – ist nicht nur die größte Generation bislang, sondern auch die bestausgebildete und vielschichtigste. Neue Technologien und die Leichtigkeit weltweiter Reisen haben Kreativität und Träume in vieler Hinsicht riesengroß werden lassen. Digitale und soziale Medien, Facebook und Twitter haben sie mit dem Rest der Welt in Kontakt gebracht, und sie können auf neue und unvorhergesehene Weise kommunizieren, globale Marken tragen und konsumieren und sich darüber austauschen. Sie entwickelten Netzwerke, nicht mehr nur mit Nachbarn und Sportkameraden, sondern mit Menschen aus weit entfernten Teilen der Welt. Sie mögen diese Freunde niemals von Angesicht zu Angesicht treffen, und doch haben sie einen großen Einfluss auf ihr Leben. Sie haben ein Gefühl für Globalität entwickelt, weshalb ich die Generation Y oft als die *erste globale* Generation bezeichne.

Die jungen Führungskräfte von heute sind aufstrebende, freizügige und global orientierte Machertypen. Sie sehen die Welt anders, mit einer kompromisslos positiven Einstellung. Gleichzeitig stehen sie vor einer Rekord-Arbeitslosigkeit und Unterbeschäftigung, und sie fühlen sich am Arbeitsplatz und in den Medien sehr missverstanden.

Was wir gelernt haben, ist, dass die Generation der Millennials ein heftiges Verlangen nach Anleitung, nach einfachen Instrumenten hat, und nach Mentoren, die ihnen helfen, sich auf ihre Potenziale zu fokussieren und ihre Ziele zu erreichen, und dabei, ihre Träume zu verfolgen, etwas zu bewirken in der Welt. Was uns zu diesem Buch führt. Ist Druckers Management-Philosophie noch relevant für junge, talentierte Führungskräfte von heute? Ja! Kann sie etwas bewirken? Wir haben es erlebt. Es scheint zunächst schwer zu glauben, dass Worte, die Mitte des zwanzigsten Jahrhunderts geschrieben wurden, heute wirklich noch relevant sein sollen zur Lösung beruflicher Herausforderungen und zum Ergreifen von Chancen. Doch dieses Buch ist voller Beispiele, die genau das beweisen.

Drucker sagt, dass »Selbsteinschätzung die erste Handlung ist, die zum Führen erforderlich ist«, und so macht es Sinn, dass das Instrument der fünf Fragen von Nachwuchstalenten gelesen wird, die auf dem Weg sind, eines Tages eine Organisation zu leiten, und nochmals gelesen wird von erfahrenen Führungskräften verschiedener Branchen. Dieses

Basis-Rahmenwerk hat über Jahre Führungskräften in jedem Unternehmensbereich gedient und ist der perfekte Begleiter für die Millennials und heutigen Management-Nachwuchs. Die Mitwirkenden an diesem Buch geben verschiedene Bespiele, wie der Selbsteinschätzungs-Prozess jeder Zielsetzung dienlich sein und Fortschritt anregen kann.

Der Wettbewerb um globale Talente hat Hochkonjunktur. Führungskräfte und Organisationen jeder Branche halten nach Strategien Ausschau, die Produktivität ihrer jüngeren Belegschaft zu steigern und zukunftsfähige Führungspersönlichkeiten auszubilden. Wir hoffen bei der Veröffentlichung dieser Neuausgabe, ein Bewusstsein dafür zu schaffen und eine neue Gemeinschaft von Drucker-Fans zu kultivieren, die miteinander kommunizieren und dabei die Basis-Sprache der fünf Fragen benutzen. Sie kann auch ein grundlegendes Instrument für Neu-Manager und Leadership-Entwicklungsprogramme sein. Druckers wegweisendes Gedankengut kann ein universelles, gemeinschaftliches Forum bieten für die Entwicklung von Ideen und Strategieplänen innerhalb eines Mehrgenerationen-Teams in jedem Unternehmensbereich und in jeder Branche. Allein schon die Reflexion über Druckers wirkmächtige

Einsichten kann in Ihrem Team einen Dialog anstoßen, der es näher zusammenbringt und den häufig anzutreffenden Konflikt zwischen verschiedenen Generationen zu überbrücken hilft.

Angehörige der Generation Y engagieren sich für den Erfolg des sozialen Sektors, und Universitätsstudenten leisten rund um die Welt ehrenamtliche Arbeit. Eine meiner nationalen Studien über US-amerikanische Studenten besagt, dass 70 Prozent aller Studienanfänger und 79,1 Prozent der Studenten im Grund- und Hauptstudium ehrenamtliche Arbeit leisten.[1] Die Generation Y (Millennials) wird fortfahren, nach günstigen Gelegenheiten zu schauen, die Mission von Nonprofit-Organisationen mit profitorientierten Partnern zu verbinden. »Große Führungspersönlichkeiten denken an die Bedürfnisse und Chancen der Organisation«, schrieb Drucker, »bevor sie an ihre eigenen Bedürfnisse und Chancen denken«.

Als Mentorin für Betriebswirtschaftsstudenten habe ich eine dramatische Verschiebung ihrer Erwartungen und Befürchtungen beobachtet, was ihre Karrierechancen nach dem Universitätsabschluss angeht. Die Finanzkrise hat viele Unternehmen dazu gebracht, ihre Belegschaft dramatisch zu reduzieren, was sich sehr negativ auf das Sicherheitsgefühl auswirkte, das die meisten Angestellten bis dahin mit den größeren Unternehmen assoziierten. Betriebswirtschaftsabsolventen sind heute wählerischer in den Zielen, die sie nach Beendigung des Studiums verfolgen, und richten ihren Blick auf neue Unternehmen, die ihnen mehr Verantwortung zugestehen und bei denen sie ein tieferes Verständnis des Unternehmens zu gewinnen glauben. Betriebswirtschaftliche Fakultäten ermuntern dieses zunehmende Interesse an Start-up-Unternehmen durch Businessplan-Wettbewerbe sowie durch unternehmensbezogene Kurse und Lehrveranstaltungen zu den neuen Medien.

Die Generation der Millennials gründet so viele Unternehmen wie keine zuvor, ihre Angehörigen fliehen vor den Arbeitskabinen der Großraumbüros, um sich mit Leidenschaft eigenen Projekten zu widmen. Nach Bloomberg scheitern acht von zehn Unternehmensgründer innerhalb der ersten 18 Monate. In vielen Fällen führt mangelnde Fokussierung auf die Geschäftsstrategie zum Scheitern. Um finanzielle Beteiligungen und Unterstützung von anderen zu sammeln, muss man Kernkompetenz, Fachwissen und eine klare Fokussierung auf das Geschäft demonstrieren. Gibt es einen besseren Weg, Ihr Unternehmen aufzubauen, als das Selbsteinschätzungs-Instrument der fünf Fragen als Basis zu nutzen?

Frances Hesselbein ist eine Nachfahrin des zweiten Präsidenten der Vereinigten Staaten, John Adams, der sagte: »Wenn dein Handeln andere dazu inspiriert, mehr zu erträumen, mehr zu lernen, mehr zu tun, dann bist du eine Führungspersönlichkeit.« Wir sind den Führungspersönlichkeiten zutiefst dankbar, die ihre Gedanken hier mit Druckers nachhaltiger Weisheit verknüpften, um zu inspirieren und das Potenzial der Generation der Millennials zu entfesseln!

Joan Snyder Kuhl
Gründerin von Why Millenials Matter, Aufsichtsratsmitglied, Frances Hesselbein Leadership Institute, New York City

Über Peter F. Drucker

Peter F. Drucker (1909–2005) – als weltweit führender Pionier der Management-Theorie angesehen – war Autor, Dozent und Unternehmensberater, der sich auf Strategien und Richtlinien für Unternehmen und Organisationen des sozialen Sektors spezialisiert hatte. Druckers Karriere als Autor, Unternehmensberater und Dozent umfasste beinahe 75 Jahre, und er arbeitete mit einer Vielzahl von Organisationen zusammen, darunter Procter & Gamble, General Electric, IBM, Girl Scouts of the USA, dem Roten Kreuz und anderen. Seine bahnbrechende Arbeit machte die moderne Management-Theorie zu einem seriösen Lehrfach. Er hat beinahe jede Facette ihrer Anwendung beeinflusst oder geschaffen, eingeschlossen Dezentralisierung, Privatisierung, Verantwortungsübertragung auf Mitarbeiter (Empowerment) und Verständnis des »Wissensarbeiters«. Er ist Autor von 39 Büchern und zahlreichen Artikeln in wissenschaftlichen und populären Zeitschriften. Er schrieb Leitartikel für das *Wall Street Journal* und verfasste häufig Beiträge für die *Harvard Business Review* und andere Zeitschriften.

Drucker kam 1909 in Wien zur Welt und genoss dort und in England seine Erziehung. Er machte seinen Doktor in öffentlichem und internationalem Recht, während er als Zeitungsreporter in Frankfurt arbeitete. Danach war er als Ökonom für eine internationale Bank in London tätig. Drucker zog 1933 nach London, um Hitler-Deutschland zu entfliehen, und nahm eine Stelle als Wertpapier-Analyst bei einer Versicherung an. Vier Jahre später heiratete er Doris Schmitz, und das Ehepaar zog 1937 in die Vereinigten Staaten.

1939 erhielt Drucker einen Teilzeit-Lehrauftrag am Sarah Lawrence College in New York. 1942 trat er dem Bennington College in Vermont als Professor für Politik und Philosophie bei. Ein Jahr später stellte er seine akademische Karriere für zwei Jahre zurück, um die Management-Struktur bei General Motors zu studieren. Diese Erfahrung führte zu seinem Buch *Concept of the Corporation*, das in den USA und Japan sogleich zum Bestseller wurde und in dem er die Auffassung vertrat, dass große Unternehmen zu den prächtigsten Erfindungen der Menschheit gehören (die deutsche Ausgabe *Das Großunternehmen* erschien 1966). Mehr als zwanzig Jahre lang war er Professor für Managementlehre an der Graduate Business School der New York University. Er erhielt schließlich die höchste Ehre der Universität, die Ernennung zum Ehrenpräsidenten.

Drucker ging 1971 nach Kalifornien, wo er maßgeblich an der Entwicklung des ersten Programms für berufstätige Management-Absolventen an der Claremont Graduate University (damals bekannt als Claremont Graduate School) beteiligt war. Das Institut für Management wurde zu seinen Ehren 1987 in Peter F. Drucker Graduate School of Management umbenannt. Im Frühjahr 2002 gab er seine letzte Vorlesung. Seine Kurse waren durchweg die meistbesuchten der gesamten Universität.

Als Berater spezialisierte Drucker sich auf Strategien und Richtlinien für Regierungen, Unternehmen und gemeinnützige Organisationen. Sein besonderes Augenmerk galt dem Aufbau und der Arbeit des Topmanagements. Er arbeitete mit einigen der weltweit größten Unternehmen und mit kleinen, rührigen Betrieben zusammen. In seinen späteren Jahren arbeitete Drucker ausgiebig mit gemeinnützigen Organisationen, eingeschlossen Universitäten, Krankenhäuser und Kirchen. Er beriet eine Reihe von US-Regierungsbehörden und arbeitete mit den Regierungen von Kanada, Japan, Mexiko und anderen Nationen überall auf der Welt zusammen.

Drucker ist in den Vereinigten Staaten und im Ausland als wegweisender Vordenker, Fachautor und Dozent bejubelt worden. Druckers Arbeit übt seit mehr als 60 Jahren großen Einfluss auf moderne Organisationen und deren Management aus. Geschätzt für seinen Tiefblick und die Fähigkeit, seine Ideen in allgemeinverständlicher Sprache auszudrücken, hat Drucker oft Maßstäbe in der Managementlehre gesetzt. Im Zentrum seiner Philosophie steht die Überzeugung, dass Menschen die wertvollste Ressource einer Organisation sind und dass die Aufgabe einer Führungskraft darin besteht, Menschen auf Leistung vorzubereiten und ihnen den Freiraum dafür zu geben. 1997 erschien er auf dem Titelblatt der Zeitschrift *Forbes* unter der Schlagzeile: »Still the youngest Mind« (»Immer noch der jüngste Kopf«), und die Zeitschrift *BusinessWeek* nannte ihn den »dauerhaftesten Management-Vordenker unserer Zeit«.

Am 21. Juni 2002 erhielt Drucker, Autor von *The Effective Executive* (dt.: *Die ideale Führungskraft*, 1967) und *Management Challenges for the 21st Century* (dt.: *Management im 21. Jahrhundert*, 1999), aus den Händen von Präsident George W. Bush mit der *Presidential Medal of Freedom* die höchste zivile Auszeichnung der USA.

Drucker erhielt die Ehrendoktorwürde zahlreicher Universitäten rund um die Welt, unter anderem in den Vereinigten Staaten, Belgien, der Tschechoslowakei, Großbritannien, Japan, Spanien und der Schweiz. Er war Ehrenpräsident der *Peter Drucker Foundation for Nonprofit Management*, jetzt das *Frances Hesselbein Leadership Institute.* Er verstarb am 11. November 2005 im Alter von 95 Jahren.

Warum Selbsteinschätzung?

Peter F. Drucker

Die 90 Millionen ehrenamtlich Tätigen, die in den USA für gemeinnützige Organisationen arbeiten, leben beispielhaft das Bekenntnis zu verantwortungsvoller Bürgerschaft in der Gemeinschaft vor. In der Tat, gemeinnützige Organisationen sind von zentraler Bedeutung für die Qualität des Lebens, und sie sind das hervorstechendste Merkmal unserer Gesellschaft.

Vor vierzig Jahren war *Management* ein sehr schlimmes Wort für Nonprofit-Organisationen. *Management* bedeutete *Business*, und das Einzige, was eine gemeinnützige Organisation nicht sein durfte, war ein *Business.* Heute haben Nonprofit-Organisationen verstanden, dass sie umso mehr Management brauchen, gerade weil sie im konventionellen Sinn keinen Gewinn machen müssen. Jetzt müssen sie lernen, wie Management genutzt werden kann, damit sie sich noch besser auf ihre Mission konzentrieren können.

Noch sind nur wenige Instrumente verfügbar, die an die individuellen Merkmale und zentralen Bedürfnisse der vielen Nonprofit-Organisationen angepasst sind.

Obwohl ich nicht ein einziges gewinnorientiertes Unternehmen kenne, das so gut geführt wird wie einige der gemeinnützigen, kann die große Mehrheit der Nonprofit-Unternehmen bestenfalls als »befriedigend« bewertet werden. Nicht wegen eines Mangels an Bemühung; die meisten von ihnen arbeiten sehr hart, aber wegen eines Mangels an *Fokussierung* und einer mangelnden *Hilfsmittel-Kompetenz.* Ich sehe jedoch voraus, dass sich dies ändern wird, und wir von der Drucker-Foundation (heute das Frances Hesselbein Leadership Institute) hoffen, dass wir in diesen Bereichen der Fokussierung und Hilfsmittel-Kompetenz die größte Wirkung erzielen.

Jahrelang glaubten die meisten Nonprofit-Organisationen, dass gute Intentionen an sich schon ausreichend seien. Aber heute wissen wir, dass gerade weil wir unterm Strich keinen Gewinn abwerfen müssen, wir besser als gewinnorientierte Unternehmen wirtschaften müssen. Wir brauchen Disziplin, die in unserer Mission wurzelt. Wir müssen mit unseren begrenzten Ressourcen an Menschen und

Geld maximale Effektivität erzielen. Und wir müssen die Leistungsbewertung unserer Organisationen sehr gut durchdenken.[1]

Die fünf entscheidenden Fragen

Das *Self-assessment*, die Selbsteinschätzung, ist eine Methode, um zu beurteilen, was man tut, warum man es tut und was man tun *muss*, um die Leistung einer Organisation zu verbessern. Dabei werden fünf grundlegende Fragen gestellt: *Was ist unsere Mission? Wer ist unser Kunde? Worauf legt der Kunde Wert? Was sind unsere Ergebnisse?* und *Was ist unser Plan?* Selbsteinschätzung muss Handeln nach sich ziehen, sonst ist sie bedeutungslos. Um wachsende Bedürfnisse zu befriedigen und in einer turbulenten und anspruchsvollen Umgebung erfolgreich zu sein, müssen Organisationen des sozialen Sektors sich auf ihre Mission fokussieren, das Übernehmen von Verantwortung demonstrieren und Ergebnisse erzielen.[2]

Das Instrument Selbsteinschätzung zwingt eine Organisation, sich auf ihren Auftrag zu konzentrieren. Etwa acht von zehn gemeinnützige Institutionen sind kleine Organisationen, deren Leiter es sehr schwierig finden, nein zu jemandem zu sagen, der mit einer guten Sache bei ihnen vorstellig wird. Ich habe einigen guten Freunden von mir, die in örtlichen Kirchengemeinderäten arbeiteten, dazu geraten, die Hälfte der Dinge, die sie bisher getan haben, in Zukunft sein zu lassen – nicht weil sie unwichtig waren, sondern weil sie unnötig waren. Ich sagte ihnen: »Andere Leute können diese Dinge übernehmen, und sie werden es gut machen. Vor ein paar Jahren war es vielleicht eine gute Idee, dass ihr diesen Bauernmarkt ans Laufen gebracht habt, weil diese vietnamesischen Bauern bei euch in der Gegend einen Ort brauchten, um ihre Produkte zu verkaufen; aber mittlerweile läuft er gut, und ihr müsst ihn nicht mehr betreiben. Es ist an der Zeit, sich organisiert aus der Verantwortung zurückzuziehen.«[3]

Sie können nicht bei der richtigen Ergebnisbestimmung ankommen ohne maßgeblichen Input Ihrer Kunden – und bitte lassen Sie uns nicht über den Begriff »Kunde« debattieren. Im Geschäftsleben ist ein Kunde jemand, den man zufriedenstellen muss. Wenn man es nicht tut, erzielt man keine Ergebnisse. Und sehr bald hat man kein Geschäft mehr. In einer gemeinnützigen Organisation, ob man den Kunden nun als Schüler, Patienten, Mitglied, Teilnehmer, Freiwilligen, Spender oder wie auch immer bezeichnet, muss das Augenmerk darauf gerichtet sein, was diese Individuen und Gruppen schätzen – auf die Befriedigung ihrer Bedürfnisse, Hoffnungen und Sehnsüchte.

Die Gefahr liegt darin, dass Sie auf Grundlage dessen handeln, was *Ihrer Meinung nach* den Kunden befriedigt. Sie werden unvermeidlich falsche Vermutungen anstellen. Die Antworten zu erraten, das sollte die Leitung einer Organisation noch nicht einmal versuchen; sie sollte immer zu den Kunden gehen und systematisch nach diesen Antworten suchen. Und so, im Prozess der Selbsteinschätzung, werden Sie eine dreiseitige Unterhaltung mit Ihrem Vorstand, den Mitarbeitern und den Kunden führen und jede dieser Perspektiven in Ihre Diskussionen und Ihre Entscheidungen mit einbeziehen.[4]

Planung ist keine Maßnahme

Wenn Sie den Selbsteinschätzungsprozess bis zum Abschluss bringen, werden Sie einen ausgestalteten Aktionsplan haben. Planung wird häufig als das Treffen von Zukunftsentscheidungen missverstanden, aber Entscheidungen existieren nur in der Gegenwart. Sie müssen übergreifende Ziele haben, die auf eine Zukunftsvision hinauslaufen, aber die unmittelbare Frage, vor der eine Organisation steht, lautet nicht, was morgen zu tun ist. Die Frage lautet: Was müssen wir *heute* tun, um Ergebnisse zu erzielen? Planung ist keine einmalige Veranstaltung. Es ist ein fortgesetzter Prozess der Stärkung dessen, was funktioniert und der Aufgabe dessen, was nicht funktioniert, sie ist das Eingehen riskanter Entscheidungen mit dem größten Wissen über die potenziellen Auswirkungen, sie ist das Festlegen von Zielen, das Auswerten von Leistungen und Ergebnissen durch systematisches Feedback und das permanente Eingehen auf geänderte Bedingungen.[5]

Konstruktiven Dissens fördern

Alle Entscheidungsträger ersten Ranges, die ich beobachtet habe, befolgten eine sehr einfache Regel: Wenn es einen schnellen Konsens in einer wichtigen Sache gibt, triff die Entscheidung nicht. Allgemeine Zustimmung bedeutet, dass keiner seine Hausaufgaben gemacht hat. Die Entscheidungen der Organisation sind wichtig und riskant, und sie *sollten* kontrovers diskutiert werden. Es gibt eine sehr alte Redensart – sie geht auf Aristoteles zurück und wurde später ein Grundsatz der frühen christlichen Kirche: In den wesentlichen Dingen Einheit, im Handeln Freiheit und in allen Dingen Vertrauen. Vertrauen ermöglicht, dass abweichende Meinungen offen hervorgebracht werden.[6]

Gemeinnützige Organisationen brauchen eine gesunde Atmosphäre der offenen Meinungsäußerung, wenn sie Innovation und Engagement fördern wollen. Sie müssen ehrliche und konstruktive Meinungsverschiedenheiten ermutigen, gerade weil jedermann sich einem guten Zweck verschrieben hat. Aus: »Deine Meinung steht gegen meine« kann sonst leicht: »Dein guter Glaube gegen meinen« werden. Ohne angemessene Ermutigung tendieren Menschen dazu, schwirige, doch unerlässliche Diskussionen zu vermeiden, woraufhin unterschwellige Fehden entstehen.

Ein weiterer Grund, Meinungsverschiedenheiten zu unterstützen, ist, dass jede Organisation Nonkonformisten braucht. Dies ist nicht die Art von Mensch, der sagt: »Es gibt einen richtigen und einen falschen Weg – und unseren Weg.« Eher sagt er oder sie: »Welches ist der richtige Weg *für die Zukunft*?«

Und er oder sie wird bereit zu Veränderungen sein. Nicht zuletzt enthüllt eine offene Diskussion auch, welche Einwände es gibt. Mit echter Partizipation muss eine Entscheidung dann nicht »richtig verkauft« werden. Wenn zuvor Vorschläge eingearbeitet, Einwände berücksichtigt wurden, wird die getroffene Entscheidung für alle ganz von selbst zur Richtschnur des Handelns.[7]

Eine Gesellschaft von Bürgern von morgen schaffen

Ihr Bekenntnis zur Selbsteinschätzung ist ein Bekenntnis dazu, für sich selbst und Ihre Organisation eine führende Rolle zu entwickeln. Sie werden Ihre Vision erweitern, indem Sie Ihren Kunden zuhören, einen konstruktiven Dissens fördern und auf die weitreichenden Veränderungen in der Gesellschaft schauen. Es liegen wichtige Entscheidungen vor Ihnen: ob das Leitbild geändert wird; ob Programme, die ihre Nützlichkeit überlebt haben, aufgegeben werden, um Ressourcen auf andere Bereiche zu konzentrieren; wie Sie mit Ihrer Kompetenz und Ihrem Engagement Chancen wahrnehmen können, *wie Sie Gemeinschaft aufbauen und das Leben der Menschen verändern werden.* Selbsteinschätzung ist für Leadership die erste Voraussetzung zum Handeln: ständig wieder scharf stellen, ständig neu fokussieren, nie wirklich zufrieden sein. Und die beste Zeit, dies zu tun, ist, wenn Sie erfolgreich sind. Wenn Sie warten, bis es abwärts geht, wird es sehr schwierig.

Wir erschaffen die bürgerliche Gesellschaft von morgen durch den sozialen Sektor, durch *Ihre* gemeinnützige Organisation. Und in dieser Gesellschaft ist jeder eine Führungspersönlichkeit, ein *Leader*, jeder ist verantwortlich, jeder handelt. Daher sind Mission und Leadership nicht nur Dinge, von denen man liest, von denen man hört; es sind Dinge, die uns alle angehen und getan werden wollen. Selbsteinschätzung kann und sollte gute Absichten und Fachwissen in effektives Handeln verwandeln – nicht erst nächstes Jahr, sondern schon morgen Früh.[8]

Frage 1
Was ist unsere Mission?

Frage 1
Was ist unsere Mission?

Peter F. Drucker

- Was ist die gegenwärtige Mission?
- Vor welchen Herausforderungen stehen wir?
- Welche Chancen bieten sich uns?
- Muss unser Auftrag neu überdacht werden?

Jede Institution im sozialen Sektor dient der Aufgabe, etwas zu bewegen, sowohl im Leben des Einzelnen als auch in der Gesellschaft. Etwas zu bewegen, das ist die Mission – der Sinn und Zweck der Organisation und der Grund ihres Daseins. Jede der Millionen von gemeinnützigen Organisationen mag eine sehr unterschiedliche Mission haben, aber das Leben der Menschen zu verändern ist für alle Ausgangspunkt und Ziel. Eine Mission kann nicht unpersönlich sein; sie muss eine tiefe Bedeutung haben, etwas sein, woran Sie glauben – etwas, von dem Sie wissen, dass es richtig ist. Eine grundlegende Führungsverantwortung ist es, sicherzustellen, dass jeder in der Organisation die Mission kennt, sie versteht und lebt.

Vor vielen Jahren setzte ich mich mit den Verwaltern eines größeren Krankenhauses zusammen, um die Mission der Notaufnahme zu durchdenken. Wie es die meisten Krankenhausverwalter tun, begannen sie mit der Feststellung: »Unsere Mission ist die Gesundheitsfürsorge.« Und das war schon die falsche Definition. Das Krankenhaus kümmert sich nicht um die Gesunden; das Krankenhaus kümmert sich um die Kranken. Wir brauchten lange, bis wir auf eine sehr einfache und (wie die meisten Leute dachten) allzu offensichtliche Aussage kamen, nämlich dass es die Notaufnahme gab, *um den Betroffenen Sicherheit zu geben.* Um diese Aufgabe gut zu erfüllen, musste man wissen, was wirklich los war. Und, zur Überraschung von Ärzten und Pflegepersonal, war die Aufgabe einer guten Notaufnahme in ihrer Gemeinde, acht von zehn Leuten zu sagen, dass es nichts sei, was eine gute Nacht Schlaf nicht wieder richten würde. »Ihre Nerven sind ein wenig überspannt.« Oder: »Das Baby hat Durchfall. Ja, das Kind hat Krämpfe, aber es ist nichts wirklich Ernstes.« Die Ärzte und Pfleger gaben Sicherheit.

Als wir das erarbeitet hatten, klang es erschreckend einleuchtend. Die Umsetzung der Mission in effizientes Handeln bedeutete, dass sich qualifiziertes Personal umgehend um die Patienten kümmerte, die die Notaufnahme aufsuchten. Das oberste Ziel lautete demnach, jeden unverzüglich in Augenschein zu nehmen, sich beinahe augenblicklich um jeden zu kümmern: weil dies die einzige Möglichkeit ist, Sicherheit zu geben.

Es sollte auf ein T-Shirt passen

Die effektive Bekundung einer Mission, das Leitbild, ist kurz und klar umrissen. Es sollte auf ein T-Shirt passen. Das Leitbild sagt, warum Sie das tun, was Sie tun, es sagt nicht, mit welchen Mitteln Sie es tun. Die Mission ist weit gefasst, sogar auf die Ewigkeit ausgerichtet, und doch bringt sie einen dazu, heute und in der Zukunft das Richtige zu tun, so dass jeder in der Organisation sagen kann: »Was ich tue, trägt zum Erreichen des Ziels bei.« Also muss dieses Ziel eindeutig sein, und es muss inspirieren. Jedes Vorstandsmitglied, jeder Ehrenamtliche, jeder Mitarbeiter muss in der Lage sein, die Mission zu verstehen und zu sagen: »Ja. Das ist etwas, weswegen ich in Erinnerung bleiben möchte.«

Damit eine Mission wirkungsvoll ist, müssen Chancen, Kompetenzen und Engagement darauf abgestimmt sein. Jedes gute Leitbild spiegelt alle drei Komponenten wider. Man schaut zuerst auf die äußere Umgebung. Die Organisation, die innen beginnt und dann versucht, Orte zu finden, wohin sie ihre Hilfsmittel geben kann, wird sich selbst verschwinden. Vor allem wird sie sich auf das Gestern konzentrieren. Demografien verändern sich. Bedürfnisse wandeln sich. Man muss Tatsachen eruieren – Dinge, die bereits passiert sind –, die Herausforderungen und Chancen für die Organisation aufzeigen. Es gibt keine Alternative hierzu: Leadership muss die Zukunft antizipieren und versuchen, sie zu formen, dabei nicht vergessend, dass wer sich damit zufrieden gibt, mit der Flut zu steigen, auch mit der Ebbe wieder sinken wird. Perfektion ist uns Sterblichen in diesen Dingen nicht gegeben, aber auch ohne göttliche Allwissenheit muss jeder doch einschätzen, wo die eigenen Chancen zu finden sind.

Schauen Sie auf den neuesten Stand der Technik, auf sich verändernde Bedingungen, auf den Wettbewerb, auf das Milieu der Mittelbeschaffung, auf Lücken, die geschlossen werden müssen. Das Krankenhaus kann keine Schuhe verkaufen, und es wird nicht in großem Umfang in die Erziehungsarbeit einsteigen. Es wird sich um die Kranken kümmern. Aber die genauen Zielvorgaben mögen sich ändern. Dinge, die von höchster Wichtigkeit sind, werden vielleicht jetzt gerade sekundär oder sehr bald völlig irrelevant. Mit den begrenzten Ressourcen, die Sie haben – und ich meine nicht nur Menschen und Geld, sondern auch Kompetenz: Wo können Sie ansetzen und etwas in Bewegung bringen, einen Unterschied ausmachen? Wo können Sie einen neuen Leistungsstandard setzen? Was ist für Ihr Engagement wirklich inspirierend?

Grundsätzliche Entscheidungen treffen

Ein warnender Hinweis: *Ordnen Sie die Mission nie dem Gewinnstreben unter.* Wenn es günstige Gelegenheiten gibt, die aber die Integrität der Organisation bedrohen, müssen Sie »nein« sagen. Andernfalls verkaufen Sie Ihre Seele. Ich wohnte einer Diskussion in einem Museum bei, dem die Schenkung eines bedeutenden Kunstwerks angeboten worden war, allerdings zu Konditionen, auf die sich kein renommiertes Museum einlassen konnte. Und doch sagten einige Vorstandsmitglieder: »Lassen Sie uns die Schenkung annehmen. Wir können die Bedingungen irgendwann ändern.« – »Nein, das ist skrupellos!«, antworteten die anderen, und das Kuratorium geriet über das Thema in Streit.

Schließlich kamen sie überein, dass sie zu viel verlieren würden, wenn sie, um einem Spender gefällig zu sein, Abstriche bei ihren grundlegenden Prinzipien machten. Dem Museum entgingen ein paar sehr schöne Skulpturen, aber die innersten Werte hatten an erster Stelle zu stehen.

Es immer wieder durchdenken

Was ist unsere zentrale Mission? Das ist die eine Frage, die man sich beim gesamten Prozess der Selbsteinschätzung immer wieder vor Augen halten sollte. Schritt für Schritt werden Sie Probleme und Chancen analysieren, Ihre Kunden ausmachen, in Erfahrung bringen, worauf diese Wert legen und Ihre Ergebnisse definieren. Wenn es an der Zeit ist, den Aktionsplan zu entwickeln, werden Sie alles, was Sie haben, mit der Mission abgleichen, um es zu bestätigen oder zu ändern.

Wenn Sie damit beginnen, denken Sie an diese wunderbare Aussage aus einer Predigt von John Donne, diesem großen Dichter und religiösen Philosophen des 17. Jahrhunderts: »Beginne nie mit morgen, um die Ewigkeit zu erreichen. Die Ewigkeit wird nicht mit kleinen Schritten erreicht.« Wir beginnen auf lange Sicht, dann schalten wir zurück und fragen uns: Was tun wir heute? Der ultimative Test ist nicht die Schönheit des Leitbilds. Der ultimative Test ist Ihre Leistung.[1]

Was ist unsere Mission?

Jim Collins

Was ist unsere Mission? Solch eine einfache Frage – aber sie zielt genau ins Zentrum des grundlegenden Spannungsfeldes in jeder großen Institution: in das dynamische Wechselspiel von Beständigkeit und Wandel. Es ist für jede wirklich großartige Institution typisch, *das Wesentliche zu bewahren und doch Fortschritt anzuregen.* Auf der einen Seite werden solche Institutionen von grundsätzlichen Werten und Zielsetzungen geleitet – einer Kernmission, die sich im Laufe der Zeit wenig oder gar nicht verändert; und auf der anderen Seite regt sie zum Fortschritt an: zu Veränderung, Verbesserung, Innovation, Erneuerung. Der Kernauftrag bleibt bestehen, während Handlungsabläufe, kulturelle Normen, Strategien, Taktiken, Prozesse, Strukturen und Methoden sich kontinuierlich verändern, als Antwort auf sich verändernde Realitäten. Tatsächlich besteht das große Paradox der Veränderung darin, dass die Organisationen, die sich am besten an die sich wandelnde Welt anpassen, zuerst und vor allem wissen, was sich *nicht* verändern sollte; sie haben fest verankerte Leitlinien, um die herum alles andere leichter verändert werden kann.

Sie kennen den Unterschied zwischen dem, was wirklich heilig ist und was nicht, zwischen dem, was nie verändert werden sollte und dem, was immer offen für Veränderung bleiben sollte, zwischen dem, »wofür wir stehen« und dem, »wie wir die Dinge anpacken«.

Die besten Universitäten wissen zum Beispiel, dass das Ideal der Freiheit von Forschung und Lehre als leitender Grundsatz intakt bleiben muss, während die Betriebspraxis der Beschäftigungsdauer unvermeidlich Wandel und Neuerung durchläuft. Die beständigsten Kirchen verstehen, dass die Kernideologie der Religion unveränderlich sein muss, während die spezifischen Praktiken der Religionsausübung und die Örtlichkeiten des Gottesdienstes sich als Antwort auf die Realitäten jüngerer Generationen verändern. Die Mission, so wie Drucker sie verstand, ist der Leim, der eine Organisation zusammenhält, wenn sie expandiert, dezentralisiert, globalisiert und Vielfältigkeit erlangt. Denken Sie an die

Prinzipien des Judentums, die das jüdische Volk über die Jahrhunderte hinweg zusammenhielten ohne ein Heimatland, selbst als es in alle Winde in der Diaspora zerstreut war. Oder denken Sie an die Wahrheiten, die in der US-amerikanischen Unabhängigkeitserklärung als selbstverständlich zum Ausdruck gebracht werden, oder an die beständigen Ideale der wissenschaftlichen Gemeinschaft, die Wissenschaftler aller Nationen mit dem gemeinsamen Ziel fortschreitender Erkenntnis verbinden.

Ihr Kernauftrag bietet Führung, nicht nur hinsichtlich dessen, was zu tun ist, sondern genauso hinsichtlich dessen, was *nicht* zu tun ist. Führungspersönlichkeiten im sozialen Sektor sind stolz darauf, etwas Gutes für die Welt zu tun, aber wenn man von größtmöglichem Nutzen sein will, erfordert das eine grimmige Konzentration darauf, Gutes dann und *nur dann* zu tun, wenn es zur Mission, zum Auftrag passt. Um das meiste Gute zu tun, muss das Drängen hin zu Streuverlusten mit einem klaren »Nein« beantwortet und die Disziplin aufgebracht werden, mit etwas aufzuhören, das nicht zur Mission passt. Als Frances Hesselbein die US-amerikanischen Pfadfinderinnen (Girl Scouts of the USA) leitete, wiederholte sie immer wieder ein simples

Mantra: »Wir sind nur aus einem Grund hier: einem Mädchen dabei zu helfen, seine Möglichkeiten voll auszuschöpfen.« Unbeirrt steuerte sie die Pfadfinderinnen in Richtung der Aktivitäten – und nur der Aktivitäten –, die dabei auf einzigartige und maßgebliche Weise von Wert für die Mitglieder sein konnten. Als eine Wohltätigkeitsorganisation die »Girl Scouts of the USA« zum Partner gewinnen wollte und sich ausmalte, wie ein Heer von lächelnden jungen Mädchen von Haus zu Haus ziehen würde, um für die gute Sache zu werben, lobte Hesselbein deren Wunsch, etwas zu bewegen, lehnte aber höflich und bestimmt ab. Nur weil etwas eine »einmalige Gelegenheit« ist – selbst eine einmalige Gelegenheit der Mittelbeschaffung –, ist das nur eine Tatsache, nicht notwendigerweise ein Grund zum Handeln. Wenn eine großartige Gelegenheit nicht zu dem Auftrag Ihrer Organisation passt, dann muss die Antwort lauten: »Nein, danke.«

Die Frage nach dem Auftrag, nach der Mission ist womöglich noch wichtiger geworden, seit unsere Welt immer unruhiger wird und sich immer mehr aufzulösen scheint. Egal, wie sehr die Welt sich verändert, die Menschen haben immer noch das elementare Bedürfnis, ein Teil von etwas zu sein, auf das sie stolz sein können. Sie haben ein elementares Bedürfnis nach Leitwerten und Zielen, die ihrem Leben und ihrer Arbeit Sinn geben. Sie haben ein grundlegendes Bedürfnis danach, mit anderen Menschen in Verbindung zu treten und mit ihnen das gemeinsame Band von Überzeugungen und Sehnsüchten zu teilen. Sie haben ein verzweifeltes Bedürfnis nach einer Lebensanschauung, die sie leitet, nach einem Leuchtfeuer auf dem Berg, das in dunklen und unruhigen Zeiten in Sicht bleibt. Mehr als jemals zuvor in der Vergangenheit werden die Menschen in ihrem Handeln Selbstständigkeit einfordern – Freiheit plus Verantwortung – und gleichzeitig fordern, dass die Organisationen, denen sie angehören, *für etwas stehen.*

Was ist unsere Mission?

Dr. Marshall Goldsmith und Dr. Kelly Goldsmith

Über die organisatorische Anwendung der großen Frage: »Was ist unsere Mission?« wurde viel geschrieben, doch weniger über die persönliche Anwendung.

Ich (Marshall) hatte einmal die Gelegenheit, Peter F. Drucker seine eigene Frage zu stellen. Ich fragte: »Peter, Sie haben einen großen Teil Ihres Lebens damit verbracht, Organisationen dabei zu helfen, ihre Mission zu ermitteln. Was ist *Ihre* Mission?«

Er antwortete: »Meine Mission ist es, Menschen und Organisationen dabei zu helfen, ihre Ziele zu erreichen.« Dann lachte er und sagte: »Vorausgesetzt, sie sind nicht unmoralisch oder unethisch.«

Kürzlich schlossen wir eine große Studie ab. Es ging um die Beziehung von Glück sowie Sinn mit sowohl beruflicher als auch persönlicher Zufriedenheit im Leben. Was lernten wir? Beim Bestimmen einer persönlichen Mission sollte man beidem, Glück und Sinn, Rechnung tragen.

Unter *Glück* verstehen wir die persönliche Freude am Prozess selbst, nicht nur die Ergebnisse. Mit anderen Worten läuft es letztlich darauf hinaus, dass man das liebt, was man tut.

Unter *Sinn* verstehen wir den Wert, den wir den Ergebnissen unserer Arbeit beimessen. Letzten Endes ist man tief im Inneren davon überzeugt, dass das Ergebnis dessen, was man tut, wichtig ist.

Als wir Menschen baten, zu definieren, was Glück und Sinn für sie bedeutet, lernten wir, dass jeder von uns seine eigene Definition dafür hat und dass diese persönliche Definition das ist, was man selbst für wichtig hält. Niemand kann einem sagen, was einen glücklich macht, und niemand kann einem sagen, was sinnvoll für einen ist. Diese Antworten müssen aus dem eigenen Herzen kommen.

Was zeigten unsere Forschungsergebnisse? Der einzige Weg, um im Leben, bei der Arbeit und zu Hause, einen hohen Grad an Zufriedenheit zu erreichen, ist, sich mit etwas zu beschäftigen, das gleichzeitig glücklich macht und als sinnvoll erlebt wird.

Teilnehmer, die berichteten, dass sie viel Zeit mit amüsanten Aktivitäten zubrachten, die Spaß machten, aber nicht sinnvoll waren, hatten ein Gefühl von fehlender Tiefe im Leben. Weder bei der Arbeit noch zu Hause erlebten sie Gefühle großer Befriedigung. Obwohl wir nicht überrascht über diese Ergebnisse waren, was die Arbeit anging, so waren wir doch ein wenig überrascht, dass die Ergebnisse im Privatleben nahezu identisch waren. Es scheint, dass übermäßiges Amüsement mehr schadet als guttut.

Teilnehmer, die berichteten, dass sie viel Zeit mit sinnvollen Beschäftigungen verbrachten, die aber keine Freude machten, fühlten sich wie Märtyrer. Obwohl sie das, was sie taten, für wichtig hielten, waren sie nicht glücklich mit ihrem Leben, weder bei der Arbeit noch zu Hause.

Die einzige Gruppe von Befragten unserer Studie, die ein gleichbleibend hohes Zufriedenheitsniveau angab, sowohl bei der Arbeit als auch zu Hause, waren Menschen, die angaben, dass sie viel Zeit mit Aktivitäten verbrachten, die gleichzeitig ein hohes Maß an Glück und Sinn bereithielten.

Drucker war ein wundervolles Beispiel in diesem Punkt. Er liebte seine Arbeit und hatte kein Interesse daran zurückzutreten. Seine Arbeit machte ihn glücklich. Er wusste auch, dass seine Arbeit wichtig war. Seine Arbeit gab ihm ein Gefühl von Sinn. Dies ist das Beste, was wir im Leben tun können.

Welche Konsequenz können wir daraus ziehen?

1. Stellen Sie eine klare persönliche Mission für sich selbst auf. Drucker sagte immer, dass unsere Mission kurz und klar sein und »auf ein T-Shirt passen« sollte.
2. Stellen Sie sicher, dass die Ergebnisse, die Sie erreichen, wenn Sie erfolgreich sind in Ihrer Mission, auch wirklich wichtig für Sie sind. Schauen Sie in Ihr Herz. Tun Sie, was wirklich wichtig für Sie ist.
3. Stellen Sie sicher, dass der Prozess, der zu Ihrem Ziel führt, ein Prozess ist, den Sie lieben. Das Leben ist kurz. Tun Sie, was Sie glücklich macht, es sei denn, Ihr Ziel ist es, ein Märtyrer zu sein.
4. Ein weiterer großartiger Ratschlag von Drucker war es, zu analysieren, wie Sie Ihre Zeit verbringen. Maximieren Sie die Zeit, in der Sie gleichzeitig Glück und Sinn erleben. Eliminieren Sie so weit wie möglich Aktivitäten, die diesen Test nicht bestehen.

Die große Frage: »Was ist Ihre Mission?« ist von entscheidender Bedeutung für den Erfolg von Unternehmen. Sie mag noch wichtiger für den persönlichen Erfolg sein!

Millenniums-Takeaway

Michael Radparvar

Es war im Frühling 2009, als Dave, mein Bruder, Fabian und mir vorschlug, wir sollten uns die Zeit nehmen und in Worte fassen, welche Dinge für uns am wichtigsten sind. Holstee, unser Unternehmen, war gerade erst drei Wochen alt, es gab Millionen Dinge zu tun, und zufällig befanden wir uns mitten in der schlimmsten Rezession unserer Generation. Doch wir hatten alle das Gefühl, dass es uns auf unserer Reise helfen würde, wenn wir diese Dinge schriftlich festhalten würden. Trotz der vielen Dinge, die jeder von uns für das gerade im Aufwind befindliche Unternehmen zu tun hatte, stellte keiner seinen Vorschlag in Frage.

Wir begannen in dem Bewusstsein, dass was auch immer wir niederschrieben, eine wichtige Botschaft an uns selbst in der Zukunft sein würde, aus einer Zeit kommend, als unser Denken klar war. Wir stimmten auch darin überein, dass dies unsere beste

Gelegenheit wäre, Erfolg nicht in finanziellen Begriffen zu definieren. Wir deckten Themengebiete wie Liebe, Ernährung, Reisen, Beziehungen und unsere Hoffnungen und Träume ab. Als wir diese wichtigsten Dinge erfasst hatten, brachten wir sie zu Papier. Und obendrein beschlossen wir, sie an einen Ort zu stellen, wo sie nicht verloren gehen würden: auf unsere Website, in der Spalte »Über uns«, wo wir das Ganze »Holstee-Manifest« nannten (siehe Abildung 1.1.)

Während der folgenden Monate und Jahre unternahm das Manifest eine völlig unerwartete Reise. Es wurde zu einem der am häufigsten geteilten Bilder im Internet – und rund um die Welt – und es nahm schließlich, für die bessere Verbreitung abseits des Internets, auch die Form eines Text-Posters an. Im Wesentlichen wurde unser Manifest auch zum Leitbild unseres Unternehmens. Die *Washington Post* bezeichnete es als »Just Do It« für eine neue Generation. Im Innersten ist der Grund für die Existenz von Holstee, sein Sinn und Zweck, ganz einfach: Holstee soll jedem von uns dabei helfen, sich daran zu erinnern, was wichtig ist. Das ist für uns das Wichtigste von allem.

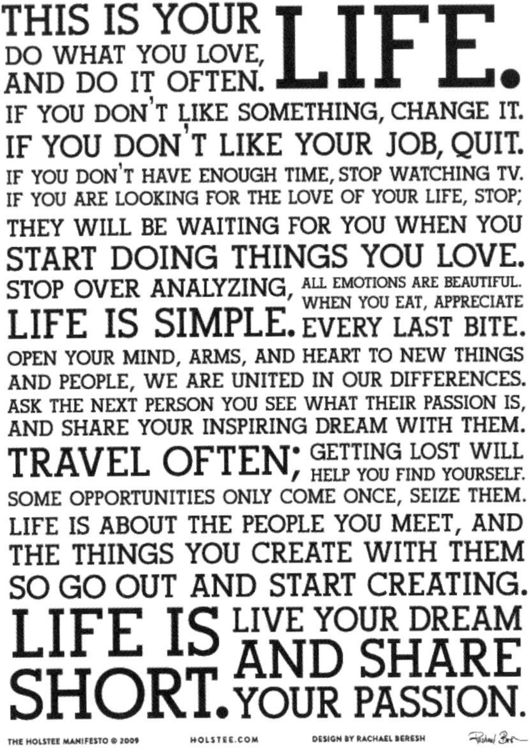

Abbildung 1.1: Das Holstee-Manifest

Frage 2
Wer ist unser Kunde?

Frage 2
Wer ist unser Kunde?

Peter F. Drucker

- Wer ist unser wichtigster Kunde?
- Wer sind unsere Nebenkunden?
- Wie werden sich unsere Kunden verändern?

Es ist nicht lange her, da war das Wort Kunde im sozialen Sektor nur selten zu hören. Vorsitzende von sozialen Einrichtungen sagten: »Wir haben keine Kunden. Das ist ein Begriff aus dem Marketing. Wir haben Klienten … Empfänger … Patienten. Wir haben Zuhörer. Wir haben Studenten.« Anstatt über die Wortwahl zu diskutieren, frage ich: »Wer muss zufriedengestellt werden, wenn Ihre Organisation erfolgreich sein will?« Wenn Sie diese Frage beantworten, definieren Sie Ihren Kunden als jemanden, der Ihre Dienstleistung schätzt, der das will, was Sie anbieten, und der glaubt, dass es wichtig *für ihn* ist.

Organisationen im sozialen Sektor haben zwei Arten von Kunden. Der *Haupt*kunde ist die Person, deren Leben durch Ihre Arbeit verändert wird. Effektivität erfordert Fokussierung, und das bedeutet eine Antwort auf die Frage: Wer ist unser wichtigster Kunde? Jene, die in zu viele Richtungen davonjagen, erleiden Verluste, indem sie ihre Energien zerstreuen und ihre Effizienz schwächen. *Nebenkunden* sind Ehrenamtliche, Mitglieder, Partner, Geldgeber, Bezugsquellen, Angestellte und andere, die zufriedengestellt werden müssen. Dies sind alles Leute, die »nein« sagen können, Menschen mit der Wahlmöglichkeit, das, was Sie anbieten, anzunehmen oder abzulehnen. Nebenkunden können Sie möglicherweise zufriedenstellen, indem Sie die Chance auf sinnvolle ehrenamtliche Mithilfe bieten, indem Sie Spenden dorthin lenken, wo Sie beide es für sinnvoll halten oder indem Sie Kräfte bündeln, um Bedürfnisse der Gemeinschaft zu erfüllen.

Der Hauptkunde ist niemals der *einzige* Kunde, und einen Kunden zufriedenzustellen, ohne auch die anderen zufriedenzustellen, ist keine Leistung. Darum ist es sehr verführerisch zu sagen, dass es mehr als einen Hauptkunden gibt, aber effektive Organisationen widerstehen dieser Versuchung und halten an ihrer Fokussierung fest – auf den Hauptkunden.

Den Hauptkunden genau bestimmen

Lassen Sie mich Ihnen ein positives Beispiel der Identifizierung und der Konzentration auf den Hauptkunden in einem komplexen Szenario geben. Die Mission einer gemeinnützigen Organisation mittlerer Größe ist es, *die wirtschaftliche und soziale Unabhängigkeit der Menschen zu steigern.* Es gibt 25 Programme in vier verschiedenen Bereichen, aber seit 35 Jahren konzentriert sich die Organisation auf nur einen Hauptkunden: Menschen, bei denen einem Anstellungsverhältnis mehrere Hindernisse im Weg stehen. Am Anfang waren damit die körperlich Behinderten gemeint. Auch heute noch schließt es Menschen mit einer Behinderung ein, doch hinzugekommen sind alleinerziehende Mütter, die nicht mehr von der Sozialhilfe abhängig sein wollen, ältere Arbeitnehmer, die entlassen wurden, Menschen mit chronischen und anhaltenden Geisteskrankheiten und jene, die gegen langfristige Abhängigkeit von Suchtmitteln wie Alkohol, Drogen und Medikamenten ankämpfen. Sie alle gehören zu einer einzigen Hauptkategorie: Menschen, bei denen einem Anstellungsverhältnis mehrere Hindernisse im Wege stehen. Die Ergebnisse werden in jedem

Programm daran gemessen, ob der Kunde jetzt in der Lage ist, eine produktive Arbeit zu bekommen und zu behalten.

Der Hauptkunde ist nicht notwendigerweise jemand in Ihrer persönlichen Reichweite, jemand, mit dem man sich zusammensetzen und von Angesicht zu Angesicht reden kann. Hauptkunden sind vielleicht Babys, oder gefährdete Tierarten, oder Angehörige einer zukünftigen Generation. Ob Sie nun in einen aktiven Dialog treten können oder nicht, das Identifizieren Ihres Hauptkunden stellt Ihre Prioritäten in die richtige Reihenfolge und gibt Ihnen einen Orientierungspunkt bei kritischen Entscheidungen bezüglich der Werte Ihrer Organisation.

Den Nebenkunden genau bestimmen

Die Pfadfinderinnen der Vereinigten Staaten von Amerika sind die größte Mädchen- und Frauenorganisation der Welt und eine gemeinnützige Organisation, die beispielhaft den Dienst an einem Hauptkunden – dem Mädchen – aufzeigt, zufriedenstellend abgestimmt mit vielen Nebenkunden, die sich im Laufe der Zeit alle geändert haben. Eine langfristige Priorität der Pfadfinderinnen ist es, jedem Mädchen in den Vereinigten Staaten gleichberechtigt den Beitritt zu gewähren. Dies hat sich seit 1912 nicht geändert, als die Gründerin sagte: »Ich habe hier etwas für alle Mädchen.« Frances Hesselbein, damals war sie nationale Geschäftsführerin (1976–1990), sagte zu mir: »Wir sehen uns die Prognosen an und wissen, dass bis zum Jahr 2000 ein Drittel aller Menschen dieses Landes Minderheiten angehören werden. Viele Menschen sind sehr besorgt, welche Bedeutung diese neue Zusammensetzung der Rassen und ethnischen Gruppen in der Zukunft haben wird. Wir sehen es als eine beispiellose Chance, alle Mädchen mit einem Programm zu erreichen, das ihnen in den Jahren ihres Heranwachsens helfen wird, welche heutzutage so schwer sind wie nie zuvor.« Einen sich wandelnden Hauptkunden zu erreichen bedeutet eine neue Sicht auf Nebenkunden. Frances erklärte: »Bei einem Wohngruppenprojekt von Pfadfinderinnen gibt es Hunderte von jungen Mädchen, die diese Art von Projekt wirklich brauchen, und Familien, die etwas Besseres für ihre Kinder wollen. Wenn wir Mädchen in jeder sozialen Schicht und ethnischen Gruppe erreichen wollen, ist es wichtig, die ganz besonderen

Bedürfnisse, die Kultur, die Bereitschaft jeder Gruppe zu verstehen. Wir arbeiten mit vielen Nebenkunden; mit dem Geistlichen vielleicht, mit dem Heimleiter dieses Wohnprojektes, mit Eltern – eine Gruppe von Leuten aus dieser bestimmten Gemeinde. Wir stellen Leiter ein, schulen sie direkt vor Ort. Wir müssen unseren Respekt für diese Gemeinde demonstrieren, unser Interesse an ihr. Eltern müssen wissen, dass es eine positive Erfahrung für ihre Töchter sein wird.«

Ihre Kunden kennen

Kunden sind nie statisch. Bei den Gruppen, die Sie bereits bedienen, wird die Anzahl einmal größer und dann wieder kleiner sein. Sie werden sich diversifizieren. Ihre Bedürfnisse, Wünsche und Hoffnungen werden sich entwickeln. Es mag gänzlich neue Kunden geben, die Sie zufriedenstellen müssen, um erfolgreich zu sein – Individuen, die Ihre Dienstleistung wirklich brauchen und wollen, aber nicht in der Art, wie sie bereits heute erhältlich ist. Und es gibt Kunden, die Sie nicht mehr bedienen sollten, weil die Organisation ein Bedürfnis gestillt hat, weil den Menschen anderswo besser gedient werden kann oder weil Sie keine Erfolge erzielen.

Wer ist unser Kunde? Die Beantwortung dieser Frage ist die Grundlage zur Bestimmung dessen, worauf die Kunden Wert legen, zur Definition von Erfolg und zur Entwicklung eines Aktionsplans. Und doch, selbst nach wohldurchdachten Überlegungen überraschen die Kunden Sie vielleicht; dann müssen Sie bereit sein sich anzupassen. Ich erinnere mich, dass einer meiner seelsorgerischen Freunde über einen neu angebotenen Kurs sagte: »Großartig, wir haben einen wunderbaren Kurs für frisch verheiratete Paare.« Der Kurs wurde tatsächlich zu einem großen Erfolg. Aber zur Bestürzung des jungen Hilfspastors, der ihn konzipiert hatte und ihn leiten wollte, meldete sich nicht ein einziges frisch verheiratetes Paar an. Alle Teilnehmer waren junge Leute, die zusammenlebten und sich fragten, ob sie heiraten sollten. Und der Hauptpastor hatte einiges auszustehen mit seinem brillanten jungen Assistenten, der zunächst auf seinem Standpunkt beharrte: »Für die ist der Kurs aber doch nicht gedacht!« Er wollte diese jungen Leute rauswerfen.

Oft ist der Kunde Ihnen einen Schritt voraus. Also müssen Sie Ihren Kunden kennen – oder ihn schnell kennenlernen. Immer wieder müssen Sie sich fragen: Wer ist unser Kunde? Denn Kunden verändern sich ständig. Die Organisation, die sich dem Erfolg verschrieben hat – immer unter Berücksichtigung ihrer grundlegenden Integrität –, wird sich anpassen und verändern, wenn die Kunden es tun.[1]

Wer ist unser Kunde?

Philip Kotler

Peter F. Drucker sagte uns vor mehr als vierzig Jahren: »Der Zweck eines Unternehmens besteht darin, einen Kunden zu schaffen … das einzige Profit-Center, das heißt der einzige Erfolgsbereich, ist der Kunde.« Jack Welch, der frühere CEO von General Electric, zielte auf denselben Punkt, wenn er zu seinen Angestellten sagte: »Niemand kann Ihren Job garantieren. Nur Kunden können Ihren Job garantieren.«

Im Internet-Zeitalter, in dem die Kunden so viel mehr Informationen haben und täglich ihre Meinungen untereinander austauschen, werden die Unternehmen sich allmählich der Tatsache bewusst, dass sie einen neuen Chef haben: den Kunden. Eine scharfsinnige Führungskraft bei Ford sagte einmal: »Wenn wir nicht kundengesteuert sind, dann sind unsere Autos es auch nicht.« Offensichtlich hat der Ford-Konzern nicht auf ihn gehört.

Wenn Peter Drucker heute hier wäre, würde er seine Aussage ein wenig modifizieren. Er würde sagen: »Die besten Unternehmen schaffen keine Kunden. Sie schaffen Fans.« Er würde sagen, dass es nicht so wichtig ist, über bessere Profite des letzten Jahres zu berichten, sondern vielmehr zu überprüfen, ob das Unternehmen im Denken und Fühlen der Kunden in diesem Jahr mehr Raum einnehmen konnte.

Wir müssen lernen, besser zu verstehen, wer unser Kunde ist. Früher dachte man, die Kunden würden von uns erfahren und, wie wir hofften, unsere Produkte wählen. Die neue Denkart ist, dass wir, das Unternehmen, unsere Kunden wählen. Wir weigern uns vielleicht sogar, mit bestimmten Kunden Geschäfte zu machen. Unser Geschäft ist es nicht, oberflächlich jedermann zufriedenzustellen. Unser Geschäft ist es, unsere Zielkunden zufriedenzustellen – und zwar voll und ganz.

Also besteht die Hauptaufgabe darin, unsere Zielkunden zu definieren. Diese Definition wird alles beeinflussen: die Ausgestaltung unseres Produkts und seiner Besonderheiten, die Wahl unserer Absatzkanäle, die Gestaltung unserer Botschaften, die Wahl unserer Medien und die Festlegung unserer Preise.

Um unsere Kunden zu definieren, müssen wir den Kaufprozess aus verschiedenen Perspektiven betrachten. Jeder Kauf ist das Ergebnis verschiedener Rollen, die gespielt werden. Denken Sie an den Kauf eines neuen Familienautos. *Initiator* ist vielleicht ein Freund der Familie, der ein imposantes neues Auto erwähnt. Der Sohn im Teenageralter könnte der *Beeinflusser* sein, über welche Art von Auto nachgedacht wird. *Entscheiderin* ist vielleicht die Ehefrau, *Käufer* vielleicht der Ehemann.

Die Aufgabe von Marketingleuten ist es, diese Rollen auszumachen und die begrenzten Marketing-Ressourcen einzusetzen, um die einflussreichsten Menschen zu erreichen, die an der endgültigen Entscheidung beteiligt sind. Marketing- und Vertriebsfachleute müssen fähig sein, die Auffassungen, Vorlieben und Wertvorstellungen der verschiedenen, am Entscheidungsprozess Beteiligten richtig einzuordnen.

Viele Unternehmen haben ein *Kundenbeziehungs-Management* eingeführt, was bedeutet, dass sie eine Menge Informationen über getätigte Geschäfte und die Begegnungen mit Kunden sammeln. Die meisten Pharmazie-Unternehmen zum Beispiel besitzen weitreichende Informationen über einzelne Ärzte und ihre individuellen Werte und Vorlieben. In zunehmendem Maße erkennen wir jedoch, dass diese Informationen nicht ausreichen. Sie erfassen nicht die Qualität der Kundenerfahrung. Die simple Erfassung von Kundendaten ist kein Ersatz dafür, dass die Kunden mit dem Unternehmen eine zufriedenstellende Erfahrung machen. Ein altes chinesisches Sprichwort lautet: »Wenn du nicht lächeln kannst, solltest du kein Geschäft eröffnen.«

Zu guter Letzt müssen wir also genau wissen, wer die Zielkunden sind, wer und was sie beeinflusst und wie wir äußerst zufriedenstellende Erfahrungen für unsere Kunden schaffen. Wir müssen erkennen, dass die Kunden von heute zunehmend nach Wert kaufen, nicht nach Beziehung. Ihr Erfolg hängt letztlich davon ab, was Sie zum Erfolg Ihrer Kunden beigetragen haben.

Kunden im Zentrum von allem!

Raghu Krishnamoorthy

Anfang Juli 2014, versteckt in der Rubrik »Arbeit« der *Bloomberg Businessweek*, gab es einen Artikel von Josh Eidelson mit dem Titel: »Uber: das Unternehmen, das Städte zu hassen lieben.« Uber ist ein relativ neuer und direkter Wettbewerber für das etablierte, Taxi-basierte städtische Transportmodell rund um die Welt. Es wurde zu einem ernstzunehmenden Konkurrenzfaktor für die guten alten Taxen mit ihren wenig ansprechenden, zuweilen an Viehtransporter erinnernden Innenräumen, ihren überhöhten Tarifen, Extra-Kosten für Kreditkartenzahlung und so weiter. Vor die Wahl gestellt zwischen einem Uber-Auto und einem Taxi, bräuchte ich nicht lange zu überlegen. Mithilfe der Uber-App kommen Fahrer und Wagen, sauber, pünktlich, professionell, man zahlt über die App. Ohne Trinkgelderwartung, mit voraussehbaren Fahrtkosten sowie garantiertem Service ist Uber bequem und sicher.

Natürlich sind die traditionellen Taxi-Unternehmen außer sich, und in einigen Städten wurde Uber sogar verboten, weil das Unternehmen die so gut geölte Maschinerie der Mittelmäßigkeit bedroht.

Aber befragt man die Kunden, so schwören sie auf Uber. Sie lieben den Komfort, die Qualität, die mühelose, berechenbare Art der Dienstleistung, die Uber anbietet. Warum also sollten sie Uber nicht benutzen?

Der Artikel in der *Bloomberg Businessweek* berichtet, dass Uber auf einen Wert von 17 Milliarden Dollar taxiert wird. Wenn, wie Peter Drucker sagt, »der Zweck eines Unternehmens darin besteht, einen Kunden zu schaffen«, dann hat Uber dieses Ziel voll und ganz erreicht. Das Unternehmen hat tatsächlich Fans geschaffen, nicht nur Kunden.

Uber, Airbnb, Cree, Rent the Runway, Amazon, Google und Facebook sind allesamt neuzeitliche Beispiele dafür, dass das »Der-Kunde-zuerst-Denken« zum Geschäftsmodell wurde und nicht nur ein Teil davon ist. So sehr, dass es einen gewaltigen Einfluss auf das Konzept von Geschäftsperioden hat.

Wenn Drucker heute noch leben würde, würde er vielleicht ein Déjà-vu-Erlebnis haben! Drucker betonte als Erster, dass der Kunde im Zentrum einer Geschäftsstrategie steht, und war damit in vieler Hinsicht seiner Zeit voraus. In einer Ära, in der die Schaffung von Shareholder Value als dominierender Zweck eines Unternehmensmodells gesehen wurde, war er beinahe prophetisch in seinem Bestehen darauf, die Kunden in das Epizentrum eines unternehmerischen Zwecks zu stellen. Heute scheint diese Philosophie offensichtlich. Organisationen, große und kleine, alte und neue, globale und ortsansässige, müssen ihr Geschäft als Dienstleistung am Kunden betrachten und ihr Wertversprechen auf dieser Basis aufbauen. Alles andere, eingeschlossen Aktionärsvermögen, ist eine sekundäre Folge dieser fundamentalen Wahrheit. In seinem Denken war Drucker ein Angehöriger der Generation Millennium, lange bevor das neue Jahrtausend anbrach.

Hier kommt etwas Interessantes. Drucker war so visionär in seinem Denken, dass er nicht dabei Halt machte, den Kunden in den Mittelpunkt des Interesses zu stellen; er ging noch weiter und warnte, dass die Vorstellung vom Kunden keine statische sein dürfe – und mahnte, dass Organisationen sich auf die Diversifizierung der Kunden würden einstellen müssen, dass ihre Bedürfnisse, Wünsche und

Sehnsüchte sich im Laufe der Zeit beständig entwickeln würden. In dieser sich fortlaufend ändernden Welt der Kunden, so Drucker, hinge der Erfolg eines Unternehmens davon ab, wieviel es zum Erfolg des Kunden beitrüge. Nah dran zu bleiben am Puls dieser dynamischen Welt der Kunden sei der Schlüssel für das Überleben eines Unternehmens – andernfalls riskiere es, für den Kunden irrelevant und damit überflüssig zu werden.

General Electric (GE) ist ein mehr als 130 Jahre altes Unternehmen. Es ist eines der Unternehmen des ursprünglichen Dow Jones Index, und es ist das einzige immer noch gelistete. Es blieb von Bedeutung, und das in erster Linie, weil es sich erfolgreich wandelte und sich in seiner langen Geschichte jung und frisch erhalten hat. Thomas Edison, der Gründer von GE, erfand nicht nur die Glühbirne (und eine Vielzahl anderer Dinge), sondern er erfand im wahrsten Sinn Erfindung. Keine Organisation überlebt nur wegen ihrer Produkte. Sie bleibt vital, weil sie beständig ihre organisatorischen Prozesse erfindet und erneuert, um diese Produkte zu ummanteln. In vieler Hinsicht werden die großartigsten Innovationen des 21. Jahrhunderts nicht Produkte oder Technologien betreffen, sondern sich darum drehen, wie wir uns selbst organisieren, um den Kunden Wert zu liefern. Bei GE ist es ein Teil unserer Unternehmens-DNA, uns fortlaufend selbst neu zu imaginieren und zu erfinden, um nah an den Kunden und ihren Bedürfnissen zu bleiben. In anderen Worten, GE hat immer Druckers Warnung befolgt, dass »geplantes Verlassen« zur Entwicklung nötig sei.

Druckers Betonung, dass »Planung nicht bedeutet, die Zukunft vorauszusehen«, sondern »angesichts von Unsicherheiten den bestimmten Platz definiert, an den Sie kommen wollen und wie Sie vorhaben, dorthin zu gelangen«, wird zu einem Wegweiser für Unternehmensstrategie und -leitung. Das Konzept vom Kunden und dessen Bedeutung, die Drucker betonte, tritt in der Welt von heute viel deutlicher hervor und macht seine Aussage zeitlos und orakelhaft. Was sich verändert hat, ist, wie wir dorthin gelangen, basierend auf den Verschiebungen, die in diesem Jahrhundert passiert sind. Diese Verschiebungen, zum Beispiel in der disruptiven Technologie, die Wandlung vom Informationszeitalter zum Zeitalter von Social Media, demographische Verschiebungen (hauptsächlich von Generation Millennium zu den Baby-Boomern), die zu psychographischen Unterschieden führen, und so weiter, sind allesamt gut dokumentiert und inzwischen Teil der gängigen Management-Theorie. Nicht so gut bekannt ist, wie Organisationen mitziehen, um dieser *brave new world* zu entsprechen. Und nein, nicht Unternehmen wie Uber oder Airbnb, noch nicht einmal Google und Facebook, denn diese sind ohnehin schon Produkte der neuen Ära, sondern Unternehmen wie GE und andere, welche unabhängig vom Kontext, in dem sie leben, die Fähigkeit zu wachsen haben.

Bei GE hat der Vorstandsvorsitzende Jeff Immelt eine Initiative angestoßen, die Vereinfachung genannt wird. Es ist ein Weg, die Geisteshaltung eines kleinen Unternehmens in einen großen Unternehmenskörper einzupflanzen. Und so lautet der Name des Spiels: In mehr als 170 Ländern in einer ganzen Palette von Geschäftsfeldern, von elektrischen Lampen bis zu Düsenjet-Motoren, präsent sein, die Bedürfnisse der Zielkunden verstehen und herauszufinden, wie man darauf schnell reagiert.

Dies sind die vier Schlüsselelemente der Vereinfachung:

1. *Lean Management*: Hier werden unmittelbar die Werkzeuge eines Unternehmens-Start-

ups in eine Organisation wie GE gebracht. Wir brauchen eine veränderte Geisteshaltung, müssen beweglich, flink und bereit für Experimente sein und müssen lernen, zu wachsen. Es ist ein Test von Druckers Frage: »Produzieren wir oder können wir Ergebnisse produzieren, die herausragend genug sind, um die Zuteilung von Ressourcen in diesem Bereich zu rechtfertigen?« Und wenn das nicht der Fall ist, können wir die Richtung ändern (Pivotisieren genannt bzw. Umschwenken)? Lean Management bedeutet, die Kunden stehen im Mittelpunkt jeder Entscheidung – sie sind nicht nur Abnehmer unserer Produkte und Empfänger unserer Dienstleistungen, sondern Teilnehmer im Prozess. Lean Management drängt auch nach Intensität, Strenge und Fokussierung.

2. *Werbung und Kundenintensität*: Dieser Teil der Vereinfachung richtet sich auf das »zum Ja gelangen« für den Kunden. Wie organisieren wir uns selbst, um sicherzustellen, dass wir Produkte und Dienstleistungen liefern, wann, wohin und wie der Kunde das will? Darüber hinaus, wie sehen wir voraus, wie

analysieren wir, wie bieten wir unseren Kunden Lösungen, so dass wir unsere Zielkundschaft in höchstem Maße zufriedenstellen? Dies bedeutet, dass das Organisationsmodell viel anfangsorientierter wird, und jeder Mitarbeiter und jeder Prozess ist darauf ausgerichtet, dass die Anfangs-Schnittstelle für den Kunden ein herausragendes Erlebnis wird. Stunden der Kundenforschung werden umgewandelt in Erfolgsmaßstäbe des Unternehmens. Daten über Produkte und Dienstleistungen werden zu Goldminen, die Einblick geben, so dass die Werbeteams Lösungen anbieten, die den Bedürfnissen voraus sind und keine bloße Reaktion auf Kundenbedürfnisse. Werbung, Organisation und Erfolgsmaßstäbe, ebenso wie Datenressourcen, werden bei GE umgerüstet und diesem Wandel angepasst.

3. *Fokussierung auf Dienstleistungen*: In einer komplexen Welt betrachten die Menschen Produkte zunehmend als Mittel zum Zweck – und diesen »Zweck« und das mit ihm verbundene Wertversprechen zu kennen, ist entscheidend für den Erfolg. Zum Beispiel

kauft man Flugzeugtriebwerke nicht mehr, um ein Flugzeug mit Energie zu versorgen; man kauft Brennstoffwirkungsgrad. Man kauft keine Leuchtbirne, sondern eher Haltbarkeit. Man geht ins Krankenhaus, um Krankheiten zu verhindern, nicht nur, um etwas zu heilen, an dem man schon leidet. Wert muss deshalb aus der Produkt-Mentalität in die Kunden-Mentalität übersetzt werden. Welches Problem möchte der Kunde gelöst sehen? In Zukunft wird das Hinzufügen einer Vielzahl von Dienstleistungs-Innovationen rund um ein neues Produkt ein zunehmendes Unterscheidungsmerkmal sein. iTunes ist das Unterscheidungsmerkmal für das iPod, Apps sind die Unterscheidungsmerkmale für das Smartphone, und genauso könnte es unglaublich wertvoll sein, Live-Datenzuführung auf einem Flug anzubieten und sie dazu zu nutzen, proaktiv Zwischenfälle und Unfälle zu verhindern.

4. *Technologie*: Die phänomenale Welt der Technologie ist vielleicht der größte Hebel, der dieser Tage verfügbar ist. Cloud-basierte Technologie, das gewerblich genutzte Inter-

net, automatisierte Herstellung von Zusatzstoffen, industrielle Automatisierung und andere Innovationen stellten Unternehmen eine ganze Reihe von Werkzeugen zur Verfügung, um ihre Produkte und Dienstleistungen schneller, intelligenter und billiger anbieten zu können. GE hat in diese Bereiche stark investiert und kann den Kunden einzigartigen Wert liefern. Zum Beispiel ist die LED-Leuchte, die man per Smartphone-Fernbedienung an- und ausschalten kann, ein einfaches Beispiel für die Ehe zwischen Technologie und traditioneller Hardware, die interessante Umsetzungen und Kombinationen erschafft, welche ansonsten nicht möglich wären.

In einem Unternehmen wird die letzte Wahrheit – der ultimative Maßstab – durch den Kunden festgelegt. Als Drucker vorschlug, den Fokus auf den Kunden zu richten, war er ein Pionier. Heute sehen wir die positiven Auswirkungen. Unternehmen bilden sich, um unbefriedigte Kundenbedürfnisse zu stillen. Dies ist ihre Herausforderung. Wie Drucker vorhergesagt hat, ist der ultimative Nutznießer der

Kunde. Drucker ging noch weiter und versprach, dass jene Organisationen, welche diese Herausforderung bewältigen, die Fähigkeit haben werden, auf Kunden-Feedback zu reagieren und es fortwährend zu nutzen, um Innovation voranzutreiben und den Wandel bereitwillig anzunehmen.

Bei GE bringen wir diesen konstanten Fluss von Veränderung mit der treffenden Formel auf den Punkt: *Together, we all rise!* Denn wir haben keine Zweifel – wenn wir ein Problem für den Kunden lösen, dann geht es für ihn nach oben, und wenn es für ihn aufwärts geht, dann auch für uns.

Millenniums-Takeaway

Luke Owings

Als Peter F. Drucker die Frage stellte: »Wer ist unser Kunde?«, fokussierte er sich auf den Hauptkunden, und es ist ziemlich wahrscheinlich, dass diese äußerst sichtbare Gruppe Sie als jungen Menschen dazu inspirierte, in Ihr Unternehmen einzutreten. Jedoch sind es in vielen Jobs tatsächlich nicht die Hauptkunden, mit denen man vorrangig zu tun hat, sondern Kunden, die eine Nebenrolle, oder sagen wir lieber eine unterstützende Rolle spielen. Wenn Sie an die unterstützenden Kunden denken, mit denen Sie *wirklich* zusammenarbeiten, können Sie sowohl die Organisation als auch Ihre eigene Bindung an die Mission anheizen.

Beim Fullbridge-Programm unterhielt ich ein Netzwerk von unabhängigen Vertragspartnern, die unsere mehrmonatigen Business-Bootcamps betreuten. Jedes Jahr stellten wir Dutzende von hocherfahrenen Geschäftsleuten ein, die, ausgestattet mit unseren Materialien, als Mentoren für Unternehmens-Neulinge am Beginn ihrer Karriere fungierten. Indem wir Aufgaben und Ausführung standardisierten (die Handbuch-Methode, wenn Sie so wollen), erzielten wir ein Ergebnis, das sowohl gleichbleibend gut als auch wiederholbar war. Jedoch schaffte diese Von-oben-nach-unten-Methode Inflexibilität und erreichte von Mal zu Mal nur marginale Verbesserung.

Als wir erkannten, dass die unabhängigen Vertragspartner, die sich von Fullbridge angezogen fühlten, sowohl einen Wandel in ihrer persönlichen Karriere vollzogen als auch daran interessiert waren, mehr Wert, eine Verbesserung für sich selbst und für andere zu schaffen, modifizierten wir unsere Herangehensweise entsprechend dieser Schwerpunkte. Als Klarheit darüber bestand, was getan werden *musste* – und wir alle unwesentlichen Aufgaben entfernten –, ermunterten wir sie, ihre eigene Herangehensweise zu kultivieren, während wir unser Management auf ihre professionelle Entwicklung konzentrierten. In der Folge dienten unsere Produkte unseren Hauptkunden besser, denn unsere unterstützenden Kunden, die unabhängigen Vertragspartner, entwickelten effizientere, auf Vertrieb und Marketing ausgerichtete Lehrpläne und Pädagogik.

Die unterstützenden Kunden der Zukunft sind Gruppen wie diese unabhängigen Vertragspartner, die sogenannte Mosaik-Karrieren verfolgen. Während Networking-Instrumente stark zunehmen, explodiert der Markt befristeter Beschäftigung. Unternehmen, die sich auf das Anzapfen dieser wachsenden Pools verstehen, werden sich diese Flüchtigkeit als starke Erneuerungsquelle zunutze machen können. Nur wenn man die Bedürfnisse und Motivationen der Mitwirkenden versteht, wird man ein System schaffen, welches sich selbst weiter vorantreibt, in Richtung der Mission (und der Hauptkunden), jener Mission, die Sie überhaupt erst inspirierte.

Frage 3
Worauf legt der Kunde Wert?

Frage 3
Worauf legt der Kunde Wert?

Peter F. Drucker

- Worauf, glauben wir, legen unsere Haupt- und Nebenkunden Wert?
- Welches Wissen müssen wir von unseren Kunden erwerben?
- Wie werde ich mich am Erwerb dieses Wissens beteiligen?

Die Frage »Worauf legt der Kunde Wert?« – was befriedigt seine Bedürfnisse, Wünsche und Hoffnungen – ist so kompliziert, dass sie nur von den Kunden selbst beantwortet werden kann. Und die erste Regel lautet: Es gibt keine irrationalen Kunden. Beinahe ausnahmslos verhalten Kunden sich vernünftig, was ihre eigenen Realitäten und ihre eigene Situation betrifft. Führungskräfte sollten keinesfalls versuchen, die Antworten zu erraten, sondern immer in einer systematischen Suche nach diesen Antworten an die Kunden herantreten. Ich praktiziere dies. Jedes Jahr rufe ich persönlich eine zufällige Auswahl von fünfzig oder sechzig Studenten an, die vor zehn Jahren ihren Abschluss gemacht haben. Ich frage: »Wenn Sie zurückschauen, welchen Beitrag haben wir in dieser Schule geleistet? Was sollten wir besser machen? Womit sollten wir aufhören?«

Und glauben Sie mir, das, was ich dabei erfahren habe, hatte einen tief greifenden Einfluss.

Worauf legt der Kunde Wert? Dies ist vielleicht die wichtigste Frage. Und doch ist es eine, die am seltensten gestellt wird. Führungspersönlichkeiten gemeinnütziger Einrichtungen neigen dazu, sie sich selbst zu beantworten. »Es ist die Qualität unserer Programme. Es ist die Art, wie wir die Gesellschaft verbessern.« Die Leute sind so überzeugt davon, dass sie die richtigen Dinge tun, und engagieren sich so für ihre Sache, dass sie schließlich die Institution als Selbstzweck sehen. Aber sie ist ein Beamtenapparat. Statt zu fragen »Bieten wir unseren Kunden einen Wert?«, fragen sie »Entsprechen wir unseren Regeln?«, und das hemmt nicht nur die Leistung, sondern zerstört auch Vision und Engagement.

Ihre Hypothesen verstehen

Mein Freund Philip Kotler, Professor an der Northwestern University, zeigt auf, dass viele Organisationen eine klare Vorstellung davon haben, welchen Benefit sie bieten möchten, aber sie verstehen diesen Benefit oft nicht aus der Perspektive ihrer Kunden heraus. Sie stellen Vermutungen an, die auf ihrer eigenen Interpretation gründen. Beginnen Sie also mit Ihren Hypothesen, ermitteln Sie, was *Sie* glauben, worauf die Kunden Wert legen. Und dann können Sie diese Vermutungen mit dem vergleichen, was Kunden wirklich sagen, die Unterschiede finden und Ihre Ergebnisse beurteilen.

Worauf legt der Hauptkunde Wert?

Herauszufinden, worauf der Hauptkunde Wert legte, führte zu einer bedeutenden Veränderung in einem Obdachlosenheim. Die bestehenden Wertvorstellungen des Heims liefen auf nahrhafte Mahlzeiten und saubere Betten hinaus. Eine Reihe von persönlichen Interviews mit den obdachlosen Kunden, an der sowohl die Direktion als auch die Mitarbeiter teilnahmen, zeigte jedoch, dass Essen und saubere Betten zwar geschätzt wurden, sie aber den tiefen Wunsch, *nicht mehr obdachlos zu sein*, wenig bis gar nicht befriedigen konnten. Die Kunden sagten: »Wir brauchen einen Ort der Sicherheit, von dem aus wir unser Leben wieder aufbauen können, einen Ort, den wir zumindest zeitweilig ein richtiges Zuhause nennen können.« Die Organisation warf ihre Hypothesen und ihre alten Regeln über Bord. Sie fragte:

»Wie können wir diese Zuflucht zu einem sicheren Hafen machen?« Sie eliminierten die Angst, die daraus entsteht, jeden Morgen wieder auf die Straße gesetzt zu werden. Sie machen es jetzt möglich, eine ganze Weile im Obdachlosenheim zu bleiben, und erarbeiten mit jedem Einzelnen, was der Wiederaufbau seines Lebens für ihn bedeutete und wie ihm geholfen werden konnte, sein Ziel zu verwirklichen.

Diese Neuausrichtung verlangte auch dem Kunden mehr ab. Vorher reichte es aus, hungrig aufzutauchen. Jetzt musste der Kunde eine Verpflichtung eingehen, um das zu bekommen, worauf er am meisten Wert legte. Er musste an seinen Problemen und Plänen arbeiten, um weiter dort bleiben zu können. Und im gleichen Maß, wie die Beteiligung des Kunden in der Beziehung größer wurde, nahmen auch die Erfolge der Einrichtung zu.

Worauf legen die Nebenkunden Wert?

Ihr Wissen darüber, was die Hauptkunden schätzen, ist von äußerster Wichtigkeit. Doch die Realität sieht so aus, dass Sie, wenn Sie nicht in gleichem Maße verstehen, worauf die Nebenkunden Wert legen, nicht fähig sein werden, alles richtig zusammenzufügen, damit die Organisation ihre Leistung erbringen kann. Bei den Organisationen des sozialen Sektors hat es immer schon eine Vielzahl von Nebenkunden gegeben, in einigen Fällen hatte jeder ein Vetorecht. Ein Schuldirektor muss Lehrer, die Schulbehörde, Partner in der Gemeinde, die Steuerzahler, die Eltern und vor allem die Hauptkunden – die Schüler – zufriedenstellen. Der Direktor hat sechs Kundenkreise, von denen jeder die Schule anders sieht. Jeder von ihnen ist wesentlich, jeder definiert Wert anders, und jeder muss zumindest insoweit zufriedengestellt werden, dass er den Direktor nicht feuert, nicht rebelliert oder anfängt zu streiken.

Auf Ihre Kunden hören

Um einen erfolgreichen Aktionsplan zu entwerfen, müssen Sie alle Belange von jedem Ihrer Kundenkreise verstehen, insbesondere was diese langfristig als Erfolg ansehen. Die Einbindung dessen, worauf Kunden Wert legen, in den Plan der Institution ist beinahe ein architektonischer, ein struktureller Prozess. Es ist nicht allzu schwierig, sobald es einmal verstanden wurde, dennoch ist es harte

Arbeit. Zuerst denken Sie darüber nach, welches Wissen Sie sich aneignen müssen. Dann hören Sie auf die Kunden, akzeptieren, worauf sie Wert legen, als objektive Tatsache, und stellen sicher, dass die Stimme der Kunden Anteil an Ihren Diskussionen und Entscheidungen hat, nicht nur während des Prozesses der Selbsteinschätzung, sondern ständig.[1]

Worauf legt der Kunde Wert?

Jim Kouzes

Alles, was beispielhafte Führungspersönlichkeiten tun, hat mit der Schaffung von Wert für ihre Kunden zu tun.

Das ist genau die Einstellung, die Patricia Maryland hatte, heute Vorsitzende von Healthcare Operations und CEO von Ascension Health, als sie dem Vorstand des Sinai-Grace-Hospitals in Detroit/Michigan als Präsidentin beitrat. Maryland fand ein Krankenhaus in Bedrängnis vor. Das Sinai-Grace war das eine Krankenhaus, das nach einer Reihe von Fusionen übrig geblieben war, und all die »Brandrodungen« hatten bei der Belegschaft zu Gefühlen von Wut und Misstrauen geführt. Doch selbst nach all den Sparmaßnahmen arbeitete das Krankenhaus immer noch defizitär. Sinai-Grace war eine Einrichtung, die nicht nur eine neue Führung brauchte, sondern auch eine neue Identität.

Maryland bemerkte, dass die Angestellten sich zumeist darauf verließen, wie die Dinge in der Vergangenheit gemacht worden waren. Das Durchbrechen dieser tiefsitzenden Denkmuster würde eine der ersten Aufgaben sein, die sie und ihr Team angehen mussten. Zum Beispiel waren die langen Wartezeiten, die Patienten – die Krankenhauskunden – in der Notaufnahme erfuhren, ein offensichtliches Problem, das angepackt werden musste. »Als ich hierher kam, dauerte es im Durchschnitt acht Stunden, bis ein Patient untersucht wurde und ein Bett bekam«, sagte Maryland, »und das war ganz klar inakzeptabel«.

Ein weiteres Problem war das schlechte Ansehen des Krankenhauses im direkten Wohnumfeld. Maryland zufolge gab es Menschen, die nur einen Block entfernt wohnten und es trotzdem vorzogen, in andere Krankenhäuser zu gehen. Ganz klar war der äußere Eindruck ein großer Teil des Problems. All dies erforderte sofortiges Handeln, und weil es diese Probleme schon so lange gab und sie vom Krankenhauspersonal als normal angesehen wurden, erforderte ihre Lösung das Experimentieren mit einigen grundlegend neuen Methoden.

Als sich Maryland mit ihrem Team dem Problem der inakzeptablen Notaufnahme-Wartezeiten widmete, änderte sie die seit langen Jahren bestehende Organisationsform dieser Abteilung. Ein getrennter Bereich für Brustschmerzpatienten wurde geschaffen, so dass diese Patienten unmittelbar untersucht werden konnten, und die dringenden Behandlungsfälle wurden in einen anderen Bereich geleitet, in die sogenannte Akutdiagnostik. Hier richtete das Krankenhaus kleine Untersuchungszimmer mittels Trennwänden ein, was die Privatsphäre und Vertraulichkeit verbesserte. Diese einfachen Veränderungen reduzierten die Wartezeiten um mehr als 75 Prozent.

Auf diesen Erfolg baute ein Stiftungszuschuss von 100 000 US-Dollar auf, um die Krankenhausausstattung aufzuwerten. Neue Anstriche, neue Teppiche und Möbel wirkten Wunder, sowohl für die Moral der Patienten als auch des Personals. Ärzte spendeten Kunstwerke, das äußere Erscheinungsbild wandte sich zum Besseren, und bald sah das Krankenhaus wie ein zeitgemäßes medizinisches Zentrum aus. »Ich wusste, es war wirklich wichtig, ein Milieu zu schaffen, das Wärme und Geborgenheit ausstrahlte und es den Patienten ermöglichte, hier hereinzukommen und ein gewisses Maß an Vertrauen und Behaglichkeit zu empfinden«, erklärte Maryland.

Das Personal wurde auch dazu aufgefordert, einen Blick auf die Art der Kontaktaufnahme mit den Patienten zu werfen: »Wenn dies Ihre Mutter oder Ihr Vater wäre, wie würden Sie mit ihnen umgehen? Wie würden Sie mit ihnen reden? Wie würden Sie sich fühlen, wenn jemand distanziert und unfreundlich wäre und Sie behandelte, als wären Sie Teil eines Maschinenparks und kein menschliches Wesen?«

Diese ersten Veränderungen am Sinai-Grace-Hospital markierten eine außergewöhnliche Kehrtwende. Die Kundenzufriedenheit stieg entscheidend an – von einem anfänglichen Wert von eins bis zwei auf einer Fünf-Punkte-Skala auf erfreuliche vier oder fünf Punkte. Heute ist die Arbeitsmoral des Personals hoch, und es gibt eine neue Vitalität und neuen Enthusiasmus im Sinai-Grace-Hospital. Das Krankenhaus steht auch finanziell inzwischen sehr gut da. Doch das Wichtigste ist laut Maryland: »Die Bevölkerung hat wieder Vertrauen zu unserem Krankenhaus, und die Menschen fühlen sich viel wohler bei dem Gedanken, einmal wieder hierher zurückzukommen.«

All diese Verbesserungen wurden durch die unerschütterliche Überzeugung angetrieben, wie wichtig es ist, dem Kunden zuzuhören und einen Wert für ihn zu schaffen. Es war Marylands Einsatz dafür, zunächst zu verstehen, wie die Krankenhauskunden das Sinai-Grace erlebten, und dann auf ihre Bedürfnisse zu reagieren – und das Personal zu befähigen, es ihr nachzutun –, der jede Innovation unterstützte, um die Gesundheit und das Wohlergehen der Organisation sowie die Moral und den Stolz der Mitarbeiter wieder herzustellen. All dies war möglich, weil das gesamte Team, mit Maryland an der Spitze vorangehend und nicht von hinten Druck ausübend, ein grundsätzliches Ziel vor Augen hatte: einen außergewöhnlichen Wert für den Kunden zu schaffen.

Also, worauf legt der Kunde wert? Ganz klar schätzen Kunden eine Organisation, die ihre Rückmeldung haben möchte und die fähig ist, auf ihre Bedürfnisse einzugehen und ihre Probleme zu lösen. Aber ich wage auch zu sagen, dass Kunden eine Führungspersönlichkeit und ein Team schätzen, welche die Fähigkeit zum Zuhören besitzen und den Mut, die »Alles-wie-gewohnt-Einstellung« in Frage zu stellen, immer im Dienst und zum Wohl des Kunden.

Wert für Kunden schaffen: Wie gut hilft Ihre Marke den Kunden?

Michael und Kass Lazerow

Willkommen in der Kunden-Revolution, in der Sie nicht mehr länger der Boss sind.

Soziale Netzwerke, Mobilgeräte und damit verbundene Produkte und das Cloudcomputing haben Ihre Beziehung mit Ihren (potenziellen) Kunden für immer verändert.

Die Kundenrevolution ist eine radikale Machtverlagerung von den Unternehmen hin zu den Kunden, mit denen sie in Verbindung stehen. Ausgerüstet mit dem Smartphone, wird die Macht und der Einfluss jedes Kunden nur von der Größe und dem Einfluss seines oder ihres Netzwerks begrenzt.

Die Kundenrevolution ist eine stille Revolution. Milliarden von Menschen beeinflussen ihre Familie, ihre Freunde und Kollegen nahtlos dank Textnachrichten, Facebook, Twitter, Pinterest und anderen sozialen Netzwerken.

Unternehmen, die diese Revolution mitmachen, werden wachsen und gedeihen. Unternehmen, die den Kopf in den Sand stecken, werden sterben. Ja, es ist so: entweder oder.

Also, wie sehr schließt sich Ihr Unternehmen der Kundenrevolution an?

Einfach – indem auf völlig neue Art eine Verbindung gesucht wird. Und die wirkungsvollste Weise, das zu tun, ist es, Ihren Kunden bei jedem Schritt des Weges, den sie mit Ihnen gehen, zu helfen.

Ja, eine Verbindung eingehen heißt helfen. Das ist kein neues Konzept. Neu ist, dass Unternehmen diese Hilfe anbieten, *wann* der Kunde und *wie* der Kunde diese Hilfe will. Und es hat nie eine aufregendere Zeit gegeben, genau dies zu tun.

Gestern noch mussten Kunden in ein Geschäft gehen, um Hilfe zu bekommen. Gestern noch mussten die Kunden das während der vom Unternehmen vorgeschriebenen Zeiten tun (von 9 Uhr morgens bis 5 Uhr am Nachmittag), und auf eigene Kosten.

Heute erwarten die Kunden, dass ihnen geholfen wird, wenn *sie* das wollen, und zu *ihren eigenen* Bedingungen. Unternehmen, die das verstehen, erreichen bereits ein neues Niveau, und viele revolutionieren ihre Branchen.

Nehmen wir das Unternehmen Uber als Beispiel, dessen Handy-App heute bereits viele örtliche Transportunternehmen in die Luft gesprengt hat und das höchstwahrscheinlich in Zukunft noch häufiger tun wird. Ubers Unternehmensstatistik ist atemberaubend.

Inzwischen benutzen 43 Prozent der US-Bevölkerung diese App – und das alles, ohne irgendwelche Fahrzeuge zu besitzen! Uber schafft ein Äquivalent von etwa 20 000 Jobs jeden Monat. Und in unserer Heimatstadt New York City erbringt jeder dieser Jobs für die US-amerikanische Wirtschaft ein durchschnittliches Einkommen von mehr als 90 000 US-Dollar jedes Jahr.

All dies wurde möglich durch Handys und Cloudcomputing. Ohne Handy-Apps gäbe es kein Uber.

Die Hilfe, die Uber anbietet, ist einfach: Wir müssen von A nach B gelangen. Die Hilfe wird genau dann geboten, wenn wir sie wollen: Wir brauchen eine Fahrt, jetzt! Und die Hilfe wird genauso angeboten, wie wir sie wollen: einfach eine Taste drücken, und das Auto kommt! Pünktliche Verabredungen sind kein Problem mehr!

Diese Struktur ist der Grund dafür, dass Uber, vor ein paar Jahren noch gar nicht existent, inzwischen

Betriebseinnahmen von hunderten Millionen Dollar erwirtschaftet und jüngst von klugen, professionellen Investoren mit 18 Milliarden US-Dollar bewertet wurde.

Nehmen wir ein weiteres Beispiel: Autos. In der Vergangenheit würde mitten während der Fahrt plötzlich ein Alarmlämpchen blinken, und Sie würden panisch werden und nicht wissen, was los ist. Sie würden im Handbuch nachsehen, um es herauszufinden. Sie würden es nicht herausfinden. Also würden Sie die nächsten 30 Minuten versuchen, einen Termin mit dem Autohändler zu vereinbaren. Eine Stunde ihrer morgendlichen Arbeitszeit würden Sie darauf verschwenden, Ihr Auto zur Werkstatt zu bringen und eine weitere später am Tag, um es wieder abzuholen.

Sie bekommen also durchaus die Hilfe, die Sie brauchen – aber nicht, wann Sie sie brauchen, und nicht zu Ihren Idealbedingungen.

Inzwischen ist fast jedes neue Auto mit dem Netzwerk verbunden. Rechtzeitig erscheint eine Nachricht auf der Instrumententafel: »Hallo Mike und Kass. Sie sind 8 000 Meilen mit diesem Ölfilter gefahren. Es ist Zeit, ihn zu wechseln. Drücken Sie diese Taste für die Terminvereinbarung.« Der Autohändler wird zu Ihnen kommen und Ihr Auto abholen und es zurückbringen, wenn es fertig ist. Warum? Kunden werden das erwarten, dank all der bedarfsgerechten Produkte und Dienstleistungen, für die dieses Niveau von Support selbstverständlich ist.

Was wir miterleben, ist die schnelle Konvergenz von Vertrieb, Dienstleistung und Marketing. Jede Interaktion mit einem Kunden ist jetzt Marketing. Marketing war einst auf das Ziel fokussiert – und das Ziel war höchstwahrscheinlich ein Kauf. Inzwischen geht es beim Marketing um die Kundenreise, und die Kunden erwarten von Ihnen, da zu sein und ihnen auf jedem Schritt des Weges zu helfen – vor, während und nach dem Kauf.

Wir kaufen Produkte, weil sie uns in irgendeiner Weise behilflich sind. Wir erwarten nun, dass diese Hilfe zu unseren eigenen Bedingungen geliefert wird.

Willkommen in der Kundenrevolution, in der die *Kunden* jetzt das Sagen haben.

Millenniums-Takeaway

Nadira Hira

Es ist eine große Versuchung zu glauben, dass wir besser als je zuvor wüssten, was unsere Kunden wertschätzen. In diesen Zeiten, in denen jeder mit jedem über die Netzwerke in Verbindung steht – in einer Welt des 21. Jahrhunderts, in der ich zu einem Reiseproblem einen Tweed @Delta senden kann, bevor meine Mitflieger überhaupt herausgefunden haben, wo sie sich mit ihren Fragen anstellen müssen – Organisationen, Handelsmarken und Wirtschaftsführer, sie alle haben Zugang zu einem beständigen Feedback-Strom.

Aber nutzen wir ihn effektiv?

Ich weiß gar nicht, wie oft mir eine weibliche Führungskraft lachend gesagt hat, dass sie »keine Ahnung« von Twitter habe. Oder zugab, wie sehr sie sich über die Kommentare auf der Facebook-Seite des Unternehmens oder die Instagram-Feeds ärgere. Oder, vielleicht am schlimmsten von allem, stolz verkündete, ihre Organisationen habe einen direkten Draht zu den Kundenwünschen wegen – ja, der sozialen Medien!

Wir verfügen augenblicklich über so viele Werkzeuge wie noch nie, um mit unseren Kunden in Verbindung zu treten. Aber die Werkzeuge sind nur so viel wert, wie wir sie nutzen. Wenn wir sie ignorieren, verpassen wir eine gewaltige Chance. Verherrlichen wir sie aber zu sehr – und verlassen uns einzig darauf, welche Einblicke sie bieten –, werden wir wahrscheinlich nur die bloßen Umrisse der Wünsche, Bedürfnisse und Frustrationen unserer Kunden sehen.

Also sollten wir eine Lehre ziehen aus einer der Sparten, die ich am liebsten studiert habe: Innovation. Es ist eine allgemeine Weisheit in diesem Bereich, dass Kunden nicht wirklich wissen, was sie wollen. Damit ist jedoch keine Abwertung des Kunden gemeint; es ist ein Beispiel dafür, dass engagierte Profis ihrer Branche sich selbst immer wieder daran erinnern, dass, wenn sie das allerbeste Produkt, die allerbeste Dienstleistung anbieten, sie niemals bei der ersten, einfachsten und verfügbarsten Antwort aufhören sollten. Sie graben; sie machen einen Entwurf, dann machen sie einen neuen; sie erkunden alle vorstellbaren Perspektiven, um den Kunden dabei zu helfen, die tieferen Wahrheiten über ihre idealen Erfahrungen herauszufinden. Sie ziehen nicht nur schnell Nutzen aus jedem bisschen Technologie, das sie umgibt, sondern sie tun das, was Peter F. Drucker vor Jahrzehnten schon tat und wozu er riet – sie reden, direkt und aufrichtig, mit echten Kunden, alten und neuen –, sie *befragen*.

Das ist unsere Herausforderung als Führungspersönlichkeiten, und wenn wir sie annehmen, gibt es keine Begrenzung für das, was wir für jene Menschen tun können, die uns die Ehre erweisen, auf unsere Produkte und Dienstleistungen zurückzugreifen.

Frage 4
Was sind unsere Ergebnisse?

Frage 4
Was sind unsere Ergebnisse?

Peter F. Drucker

- Wie definieren wir Ergebnisse?
- Sind wir erfolgreich?
- Wie sollten wir Ergebnisse definieren?
- Was müssen wir ausbauen oder aufgeben?

Die Ergebnisse von Organisationen im sozialen Sektor werden außerhalb der Organisation immer daran gemessen, wie sehr sie das Leben und die Bedingungen der Menschen verändert haben – an menschlichem Verhalten, Lebensumständen, Gesundheit, Hoffnungen und vor allem ihrer Kompetenz und Leistungsfähigkeit. Um die Mission, den Unternehmens-Auftrag, voranzutreiben, sollte jedes gemeinnützige Unternehmen festlegen, was begutachtet und beurteilt wird und dann seine Ressourcen bündeln, um Ergebnisse zu erzielen.

Auf kurzfristige Errungenschaften und langfristigen Wandel schauen

Von einem engagierten Ehepaar, beide Psychotherapeuten, war eine kleine Ambulanz für psychisch Kranke gegründet und geleitet worden. Sie nannten sich »Heilungs-Gemeinschaft«, und in den fünfzehn Jahren, die sie die Organisation leiteten, erzielten sie Ergebnisse, die andere als unmöglich abgetan hatten. Ihre Hauptkunden waren Menschen mit der Diagnose Schizophrenie, und die meisten kamen nach mehreren erfolglosen Behandlungen in die Ambulanz der Heilungsgemeinschaft, ihre Lage war fast hoffnungslos.

Die Leute in der Ambulanz sagten: »Es *gibt* einen Weg für Sie.« Ihre erste Maßnahme bestand darin, zu sehen, ob die Hauptkunden und ihre Familien bereit waren, es noch einmal zu versuchen. Den Mitarbeitern standen mehrere Mittel zum Überwachen der Fortschritte zur Verfügung. Besuchten die Teilnehmer regelmäßig die Gruppensitzungen und nahmen sie voll und ganz an den täglichen Programmen teil? Verringerten sich Häufigkeit und Länge der Aufenthalte in psychiatrischen Kliniken? Zeigten einzelne Personen ein neues Verständnis ihrer Krankheit, indem sie sagten: »Ich hatte einen Schub«, statt böse Geister im Kleiderschrank zu zitieren? Konnten die Teilnehmer, wenn sie Fortschritte machten, sich realistische Ziele für ihre eigenen nächsten Schritte setzen?

Der Auftrag der Ambulanz war es, Menschen mit ernsthafter und anhaltender Geisteskrankheit in die Lage zu versetzen, zu genesen, und nach zwei oder mehr Jahren intensiver Arbeit konnten viele von ihnen in dieser Welt funktionieren – sie waren nicht mehr länger »unheilbar«. Einige waren fähig, in ein Leben im Kreis ihrer Familien zurückzukehren. Andere konnten feste Arbeitsverpflichtungen eingehen. Ein paar machten Schulabschlüsse nach. Ob die Mitglieder der Heilungs-Gemeinschaft gesund wurden – ob das Leben ihrer Hauptkunden sich in dieser grundlegenden Art geändert hatte –, das war das einzig entscheidende Kriterium für die Organisation.

Im Geschäftsleben kann diskutiert werden, ob Profit wirklich ein angemessenes Bewertungskriterium ist, aber ohne ihn gibt es auf lange Sicht kein Geschäft. Im sozialen Sektor gibt es keine solch universelle Messlatte für Erfolg. Jede Organisation muss ihre Kunden bestimmen, in Erfahrung bringen, worauf sie Wert legen, sinnvolle Methoden entwickeln und ehrlich bewerten, ob sie tatsächlich das Leben der Menschen verändert. Dies ist eine neue Disziplin für viele gemeinnützige Einrichtungen, aber es ist eine, die erlernt werden kann.

Qualitative und quantitative Maßstäbe

Fortschritt und Erfolg kann qualitativ und quantitativ bemessen werden. Diese beiden Maßstäbe sind miteinander verwoben – einer gibt Aufschluss über den anderen – und beide sind nötig, um zu beleuchten, auf welche Weise und in welchem Ausmaß das Leben der Menschen verändert wird.

Quantitative Maßstäbe beschäftigen sich mit der Tiefe und dem Ausmaß von Wandel im jeweiligen Kontext. Sie beginnen mit gezielten Beobachtungen, bauen Muster auf und erzählen eine subtile, individualisierte Geschichte. Qualitative Bewertungen liefern gültige, »reichhaltige« Daten. Die Direktorin für Pädagogik eines größeren Museums erzählt von dem Mann, der sie aufsuchte, um zu erklären, wie das Museum, als er ein Teenager war, seinem Denken solcherart neue Perspektiven eröffnet habe, dass es ihm sprichwörtlich das Leben rettete. Dieses Erlebnis inspirierte sie zu einer neuen Initiative für Jugendliche mit Problemen. Die Menschen in einer erfolgreichen Forschungsanstalt können den Wert ihrer Forschung nicht im Vorhinein in Zahlen ausdrücken. Aber sie können sich alle drei Jahre zusammensetzen und fragen: »Was haben wir erreicht, das dazu beigetragen hat, das Leben von Menschen zu verändern? Worauf konzentrieren wir uns jetzt, um morgen Ergebnisse zu erzielen?« Qualitative Ergebnisse können im Bereich des Immateriellen liegen, wenig fassbar sein, beispielsweise wenn sie in einem Menschen, der gegen den Krebs ankämpft, langsam wieder Hoffnung wecken. Qualitative Angaben, auch wenn manchmal subjektiver und schwieriger zu erfassen, sind ebenso real und wichtig wie die quantitativen und können genauso systematisch gesammelt werden.

Für die quantitative Bewertung gibt es klare Maßstäbe. Sie beginnen mit Kategorien und Erwartungen und erzählen eine objektive Geschichte. Quantitative Bewertungen liefern gültige, »harte« Daten. Beispiele von quantitativen Maßstäben sind: ob die Leistung einer Schule sich insgesamt verbessert, wenn gefährdete Jugendliche intensiven Kunstunterricht erhalten; ob der Prozentsatz der Sozialhilfeempfänger steigt, die eine Ausbildung abschließen und zu Löhnen eingestellt werden, von denen sie leben können; ob das Gesundheitspersonal seine Praktiken auf der Grundlage neuer Forschungsergebnisse ändert; ob die Anzahl der Teenager, die rauchen, zu- oder abnimmt; ob Vorfälle von Kindesmisshandlung abnehmen, wenn Tag und Nacht Krisenbetreuung verfügbar ist. Quantitative Maßstäbe sind wichtig, um einzuschätzen, ob die Ressourcen richtig und ergebnisorientiert gebündelt werden, um zu sehen, ob Fortschritte gemacht wurden und um zu erkennen, ob das Leben der Menschen und die Gemeinschaften sich zum Besseren gewandelt haben.

Beurteilen, was ausgebaut oder aufgegeben werden muss

Eine der wichtigsten Fragen für die Leitung von gemeinnützigen Unternehmen ist: Erzielen wir Ergebnisse, die gut genug sind, um einen weiteren Einsatz unserer Ressourcen in diesem Bereich zu rechtfertigen? Der Bedarf allein rechtfertigt nicht, mit etwas fortzufahren. Auch nicht die Tradition. Sie müssen Ihre Mission, Ihre Schwerpunkte und Ihre Ergebnisse miteinander vergleichen. Wie im neutestamentarischen Gleichnis von den Talenten ist es Ihre Aufgabe, Ihre Ressourcen dort zu investieren, wo der Nutzen mannigfalt ist, dort, wo Sie Erfolg haben können.

Etwas zu beenden, aufzugeben, stößt immer auf heftigen Widerstand. In allen Organisationen hängen die Menschen immer am Veralteten – an den Dingen, die hätten funktionieren sollen, es aber nicht taten, oder an Dingen, die einst produktiv waren und es nicht mehr länger sind. Am meisten hängen die Menschen an dem, was ich in einem früheren Buch (*Managing for Results*, 1964) »Investition ins innerbetriebliche Ego« genannt habe. Doch das Beenden kommt zuerst. Solange das nicht erreicht ist, wird wenig anderes geschafft. Die scharfe und emotionale Debatte darüber, was aufgegeben werden soll, lässt keinen kalt. Etwas zu beenden oder aufzugeben ist deshalb schwierig, aber nur für recht kurze Zeit. Wiedergeburt kann beginnen, sobald die Toten begraben sind; sechs Monate später wird sich jeder wundern: »Warum haben wir so lange dafür gebraucht?«

Die Geschäftsführung ist verantwortlich

Es gibt Zeiten, da man sich der Tatsache stellen muss, dass die Organisation als Ganzes keine gute Leistung bringt, dass die Ergebnisse überall schwach sind und es wenig Aussicht auf Besserung gibt. Es mag an der Zeit sein, zu fusionieren oder zu liquidieren und die Energien auf etwas anderes zu richten. Und bei einigen Leistungsbereichen ist nicht klar, ob sie gestärkt oder aufgegeben werden sollen. Sie werden eine systematische Analyse als Teil Ihres Plans brauchen.

An diesem Punkt des Selbsteinschätzungsprozesses legen Sie fest, welche Ergebnisse Ihre Organisation erzielen soll und worauf sie sich für den zukünftigen Erfolg konzentrieren sollte. Die Mission definiert Ihren Verantwortungsbereich. Die Geschäftsführung ist verantwortlich dafür, festzulegen, was begutachtet und bewertet werden muss, um die Organisation vor der Verschwendung von Ressourcen zu bewahren und sinnvolle Ergebnisse zu gewährleisten.[1]

Was sind unsere Ergebnisse?

Dr. Judith Rodin

Peter F. Drucker schrieb vor beinahe 15 Jahren, dass die »aufregendste Entwicklung in dem bis dato halben Jahrhundert der Zusammenarbeit mit gemeinnützigen Unternehmen darin bestand, dass man begann, nicht über Bedarfe, sondern über Ergebnisse zu reden. Dies war Fortschritt einer sehr wichtigen Art – und Drucker, was typisch für ihn war, untertrieb seine eigene Rolle beim Anstoßen dieser Veränderung.

Druckers Erklärung der vierten Frage legt klar und stichhaltig einige der wichtigsten nachgeordneten Fragen in der Bewertung von Ergebnissen im gemeinnützigen Sektor dar: Welches sind die Voraussetzungen für unseren Erfolg? Wie erfahren unsere Partner und Nutznießer unsere Arbeit? Was sind sowohl unsere qualitativen als auch unsere quantitativen Ziele? Wie definieren wir unsere Ergebnisse? Haben wir den Mut, Misserfolg zuzugeben und andere aus unseren Fehlern lernen zu lassen?

Ich würde jedoch davon ausgehen, dass Druckers Erkenntnisse in dieser Angelegenheit inzwischen gut verstanden worden sind und er heute wollte, dass wir darüber hinausgehen.

Gegenwärtig geht es in der Bewertungsdiskussion nicht länger darum, ob sie sich lohnt – das tut sie sicher –, noch geht es darum, ob quantitative Bewertungsmaßstäbe allein ausreichen – das tun sie sicher nicht –, noch beschränkt sie sich darauf, ob Misserfolg erlaubt ist. Sicherlich müssen wir zugeben, dass menschliche Bemühungen, egal mit welch guten Absichten, notwendigerweise unzulänglich sind, und dass die Weigerung, Misserfolge zuzugeben und Erkenntnisse mit anderen zu teilen, diesen Misserfolg nur verschlimmert.

Stattdessen ist die nächste Frage – Frage 4a, wenn Sie wollen –, welche Rolle unsere Ergebnisse spielen sollen, wenn wir zu Druckers fünfter Frage kommen: »Was ist unser Plan?«

In *Die fünf entscheidenden Fragen* wird implizit vorausgesetzt, dass unser Aktionsplan feststeht und dass die Ergebnisse sich aus ihm ergeben müssen. Aber das Arbeitsprogramm eines gemeinnützigen

Unternehmens ist mehr repetitiv als linear. Unser Plan muss nicht nur so beschaffen sein, dass er unsere Mission vorantreibt, sondern auch zu messbaren Ergebnissen führen, so dass wir wissen, ob der Plan erfolgreich ist oder nicht. Genau wie Drucker Recht hat, wenn er beobachtet, dass Bedarf nicht genug ist, dass Intentionen nicht ausreichen, so ist es ebenso wahr, dass ein Plan nicht als vollständig angesehen werden sollte, noch nicht einmal als befriedigend, wenn er nicht so beschaffen ist, dass er einige messbare Ergebnisse produziert und Mechanismen enthält, a priori, die Korrekturen mitten im Ablauf erlauben, die auf diesen Ergebnissen basieren. Diese Arbeit ist nicht wie die Durchführung eines klinischen Versuchs oder eines zufallskontrollierten Experiments, wo wir die Regeln bis zum Schluss nicht ändern. Das Ziel ist, wirklichen Einfluss zu erreichen; daher ist die Bewertung von Ergebnissen ein Werkzeug zum Lernen, für die Selbstkorrektur, um genaue, beabsichtigte Ergebnisse zu erzielen.

Wenn wir dies sagen, befinden wir uns auf unserer Reise in einer Zwangslage, müssen in der gemeinnützigen Planung quasi zwischen der gefährlichen Felsklippe Skylla und dem Meeresstrudel Charybdis hindurch segeln. Auf der einen Seite müssen wir sicherstellen, dass unsere Pläne so beschaffen sind, dass Ergebnisse bewertet werden können. Um dies zu garantieren, müssen wir nötigenfalls sogar bereit sein, unsere Wahl spezieller Bereiche, in denen wir engagiert sind, zu ändern und jene vermeiden, bei denen beispielsweise der festgelegte Einfluss so unklar und unmessbar ist, dass er für uns nicht greifbar ist. Auf der anderen Seite gilt es, auch die andere Gefahr zu vermeiden – die Versuchung, nur die Arbeit zu machen, die am einfachsten mengenmäßig zu bestimmen ist, die nur Arbeitserträge produziert, aber keinen Einfluss auf die wichtigsten Ergebnisse hat. Und so ist unsere Reise, um die Metapher noch einmal zu gebrauchen, eine kunstvolle und nicht nur eine wissenschaftliche Unternehmung.

Drucker beginnt seine Erörterung der vierten Frage, indem er betont, dass »Ergebnisse der Schlüssel für unser Überleben« als Institutionen sind. Wenn Ergebnisse unser Ziel sind, dann müssen sie auch unser Test sein. Was fortbestehen bleibt von der Arbeit der Gemeinnützigen, ist nicht, wie fleißig oder wie klug wir vielleicht sind oder noch nicht einmal, wie sehr wir uns kümmern. Harte Arbeit ist unerlässlich für den Erfolg, etwas Selbstverständliches, in diesem wie in jedem anderen Feld; Intelligenz wird in unserem Sektor wie in allen anderen Bereichen, die intellektuelle Anstrengungen mit sich bringen, geschätzt; und soziales Engagement hat die besten Leute zu dieser Art von Arbeit geführt. Aber wofür man sich letztlich an uns erinnert, ist, inwiefern wir in der Lage waren, das Leben der Menschen tatsächlich zu verbessern. Peter Drucker hat dies nachhaltig und maßgeblich verstanden. Aus diesem Grund findet seine Frage: »Was sind unsere Ergebnisse?« noch heute ihren Nachhall.

Was sind unsere Ergebnisse?

Col. Bernard Banks

Der Zweck jeder Organisation besteht darin, Ergebnisse zu produzieren. Diese Ergebnisse werden auf vielfältige Weise geschaffen (zum Beispiel verkaufte Produkte, angebotene Dienstleistungen, erreichtes Netto-Einkommen, beschaffte Geldmittel, Schüler, die unterrichtet wurden). Ungeachtet dessen ist es eine sehr wichtige Aufgabe für die Führung einer Organisation, ein Verständnis davon zu entwickeln, was jedes Ergebnis wirklich bedeutet. Peter F. Drucker zeigte mit den fünf Fragen, die inzwischen Kult sind, die Bedeutung des Verstehens von Ergebnissen auf. Doch meine Überlegungen zu Druckers Frage »Was sind unsere Ergebnisse?« haben mich zu dem Schluss geführt, dass bei der Evaluierung der zu bewertenden Dinge ein zusätzlicher Filter bedacht werden sollte. Mein Vorschlag lautet, dass Führungspersönlichkeiten Ergebnisse auch durch das

Prisma von organisatorischen und persönlichen Werten inspizieren sollten.

Druckers Stützpfeiler zur Untersuchung von Ergebnissen

Organisationen müssen sich darüber bewusst sein, ob sie die richtigen Ergebnisse erzielen, das ist klar. Wenn ein Unternehmen darin versagt, die Ergebnisse, die es mit seinen Aktivitäten produziert, kritisch unter die Lupe zu nehmen, kann das zu verzogener Wahrnehmung und potenziell zum Untergang führen. Folglich zeigte Drucker mehrere Fragen auf, die zu einer näheren Beschäftigung mit Ergebnissen anregen (zum Beispiel: Wie definieren wir Erfolg? Sind wir erfolgreich? Wie sollten wir in Zukunft Ergebnisse definieren? Was müssen wir stärken, was aufgeben?). Die Vielzahl der von Drucker vorgeschlagenen Fragen war dazu angetan, kurz- und langfristige Ergebnisse mithilfe verschiedener Daten (zum Beispiel quantitativen und qualitativen) zu untersuchen. Breite und Tiefe gewähren generell ein besseres Verständnis jedes Phänomens. Doch ist es ganz natürlich zu fragen, ob Druckers knapp gefasstes Rahmenwerk uns all die Denkanreize gibt, die in

Betracht gezogen werden sollten, wenn wir Ergebnisse untersuchen. Die Fähigkeit von Führungspersönlichkeiten, ein genaues Verständnis organisatorischer Bemühungen zu entwickeln, ist wegen eines wichtigen Ergebnisses von Bedeutung – Einfluss.

Die ultimative Auswirkung der Ergebnisanalyse ist Einfluss. Das zukünftige Verhalten einer Organisation wird hauptsächlich beeinflusst durch den Erfolg oder den Misserfolg, der in Zusammenhang steht mit ihren vorangegangenen Unternehmungen. Es ist normal, dass Organisationen und Führungskräfte anhand der Bewertung vorangegangener Erfolge oder Misserfolge Korrekturen vornehmen. Drucker schrieb einst: »*Ergebnisse sind der Schlüssel für unser Überleben.*« Aber ist es möglich, offensichtlich positive Ergebnisse auf die falsche Weise zu erzielen? Ich behaupte, die Antwort darauf lautet: Ja.

Die Bedeutung eines Wertefilters

Werte dienen Individuen und Organisationen als »Wahrheitskompass«.[2] Es wird kaum eine Organisation geben, die sich nicht die Zeit nimmt, einen Satz von Leitwerten zu etablieren. Doch allzu häufig begutachten Organisationen ihr Handeln nicht durch die Linse dieser ausformulierten Überzeugungen und Prinzipien. Dies nicht zu tun führt zu einem unnötigen Risiko bei ihren zukünftigen Unternehmungen. Das US-Militär sagt, seine Werte »bestehen auf den Prinzipien, Maßstäben und Qualitäten, die von grundlegender Bedeutung für erfolgreiche Militärführer sind. Sie sind fundamental, um den Soldaten und Militär-Zivilisten zu helfen, in jeder Situation die richtige Entscheidung zu treffen.«[3] Also, warum muss man Werte in Übereinstimmung mit Ergebnissen untersuchen? Dazu fällt mir spontan eine Geschichte ein.

Als ich vor einigen Jahren ein Studienprogramm für höhere Fachsemester belegte, hatte ich einen Professor, der gerade eine sehr erfolgreiche Anstellung als Chief Executive Officer (CEO), also als Firmenchef eines Unternehmens hinter sich hatte, das zur Liste der 500 erfolgreichsten Firmen der Zeitschrift *Fortune* gehörte. Eines Tages diskutierten wir in seinem Seminar über die Verantwortung von Wirtschaftsführern, Einfluss auf die Geschäftspraktiken ihrer Organisation zu nehmen. Mehrere Studenten pochten auf die Notwendigkeit, immer den Shareholder-Value, also den Unternehmenswert, den Gewinn zu maximieren. Plötzlich erzählte der

Professor eine Geschichte von einer Übernahme, die sein Unternehmen dann doch nicht vollzog. Er sagte, seine Firma hatte eine Chance mit unglaublichem Gewinnpotenzial ausgemacht. Doch der Kauf des ins Auge gefassten Objektes hätte es nötig gemacht, sehr viele Menschen zu entlassen und große Teile des Unternehmens zu verkaufen, um deren wirtschaftlichen Wert abzuschöpfen. In Folge der ins Auge gefassten Maßnahmen hätten viele Gemeinden vor dem unmittelbaren Niedergang gestanden. Der CEO beschloss, es nicht zu tun. Er informierte den Unternehmensvorstand und sein Führungsteam, dass die Verfolgung der vorgeschlagenen Übernahme auf dem Papier Sinn mache, jedoch nicht mit den Werten des Unternehmens in Einklang zu bringen sei. Und so wurde diese Transaktion nie umgesetzt. Wären dem CEO nur die potenziellen finanziellen Ergebnisse wichtig gewesen, hätte es ganz anders ausgehen können.

Das Prisma Ihrer Überzeugungen

Wirtschaftsführer und Organisationen beeinflussen das Leben von Menschen. Das ist ihre Verantwortung. Um eine Organisation langfristig vital zu erhalten, müssen zur rechten Zeit die richtigen Ergebnisse erzielt werden. Ergebnisse sind wichtig! Auf welche Weise jedoch Ergebnisse erzielt werden, ist ebenfalls wichtig. Druckers fünf Fragen dienen nach wie vor als eine unschätzbare Hilfsquelle, Klarheit der Perspektive zu schaffen und gleichzeitig das Handeln zu fördern. Mein Appell ist, dass jeder die Verhaltensweisen und die Ergebnisse einer Organisation auch durch das Prisma seiner oder ihrer Überzeugungen ansehen und genau untersuchen sollte. Dies zu tun wird zweifellos im Laufe der Zeit zu Ergebnissen führen, und man wird stolz sein können, den richtigen Weg geschaffen zu haben.

Millenniums-Takeaway

Adam Braun

An einem bestimmten Punkt vor einigen Jahren, als wir gerade erst ein paar Schulen aufgebaut hatten, schrieb ich in meiner Zeitschrift, dass wenn »Pencils of Promise« bis zu dem Zeitpunkt, wenn ich dreißig Jahre alt würde, dreißig Schulen gebaut hätte, ich als glücklicher Mann sterben könne. Heute haben wir mehr als 150 Schulen eröffnet. Aber hier kommt das Wichtige – ich irrte mich, als ich meinte, ich könne dann als glücklicher Mann sterben. Ich will immer noch so viel mehr tun. Sobald etwas möglich wird, fängt man an darüber nachzudenken, was man als Nächstes tun könnte. Jede Bühne, auf der ich eine Rede hielt, gab mir das Selbstvertrauen, noch mehr zu machen, jedes Land, das ich besuchte, machte mich hungrig, ein weiteres zu besuchen, und egal wie lange ich nachts aufblieb, ich hatte immer das Bedürfnis, so früh aufzustehen, dass ich den Sonnenaufgang sehen konnte.

So stehe ich nun an der Grenze zu einem neuen Zeitalter und erkenne, was meine Zwanziger mich gelehrt haben: So etwas wie das Beste gibt es nicht. Die Ziellinie für das perfekte Leben existiert nicht. Es ist immer in Bewegung, immer knapp außerhalb deiner Reichweite, es bewegt sich genauso schnell vorwärts, genau wie deine Erwartungen, die sich unausweichlich mit dem bereits Erreichten steigern.

Du wirst es vermasseln, du wirst gefeiert, und du wirst dich wie ein Verlierer und wie ein Sieger fühlen, alles am selben Tag. Und das wird wieder und wieder passieren. Aber die Leute, die Erfolg haben, sind jene, die sich den Staub abklopfen und immer weitergehen, weil ihre Motivation nicht die ist, ihre Ziele zu erreichen. Sie sind davon motiviert, zu einem Ort zu gelangen, an dem sie sich neue Ziele setzen können, Ziele, die genauso unvernünftig scheinen wie die zuvor, die sie nun erreicht haben.

Nehmen Sie sich einen Augenblick, um das voll und ganz zu begreifen – die erfolgreichsten Leute sind *nicht* dadurch motiviert, ihre Ziele zu erreichen. Sie sind motiviert, an einen Ort zu gelangen, an dem sie die Ziellinie zuversichtlich und kühn wieder weiter von sich wegschieben können.

Also setzen Sie sich unglaublich ehrgeizige Ziele. Verfolgen Sie sie mit Leidenschaft. Und dann schieben Sie die Ziellinie wieder weiter – viel weiter.

Frage 5
Was ist unser Plan?

Frage 5
Was ist unser Plan?

Peter F. Drucker

- Sollte die Mission geändert werden?
- Was sind unsere Ziele?

Der Prozess der Selbsteinschätzung führt zu einem Plan, der eine präzise Summierung von Zielsetzung und zukünftiger Ausrichtung der Organisation darstellt. Der Plan umfasst Mission und Vision, Ziele und Zielvereinbarungen, Ablaufschritte, einen Finanzplan und die Auswertung. Jetzt kommt der Punkt, um die Mission zu bestätigen oder zu ändern und langfristige Ziele zu setzen. Denken Sie daran, jedes Leitbild sollte drei Dinge widerspiegeln: Chancen, Kompetenz und Engagement. Es beantwortet die Fragen: Was ist unsere Absicht? Warum tun wir das, was wir tun? Was ist es am Ende, wofür wir den Menschen in Erinnerung bleiben wollen? Die Mission geht über das Heute hinaus, aber sie zeigt uns heute den Weg. Sie bietet den Rahmen für die Zielsetzung und für die Mobilisierung der Ressourcen der Organisation, damit die richtigen Dinge getan werden.

Abbildung 5.1: Die Bestandteile eines Plans

Die Entwicklung und formale Aneignung von Leitbild und Zielen sind für die effektive Leitung einer gemeinnützigen Organisation grundlegende und elementare Pflicht des Direktoriums. Deshalb müssen diese strategischen Elemente des Plans vom Direktorium verabschiedet werden.

Um die Mission voranzutreiben, braucht das Heute Handeln und das Morgen spezielle Ziele. Und doch bedeutet Planung nicht, die Zukunft zu lenken. Jeder Versuch, das zu tun, wäre töricht; die Zukunft ist nicht vorhersehbar. Der Bereich der Planung steckt ab, wohin Sie *wollen* und wie Sie vorhaben, dorthin zu gelangen. Planung ersetzt weder Fakten als Entscheidungsgrundlage noch die Wissenschaft als Führungsgrundlage. Sie erkennt die Bedeutung von Analyse, Motivation, Erfahrung, Intuition – selbst von Spekulation. Sie ist mehr Verantwortung als Methodik.

Ziele: wenig, allumfassend und vom Direktorium anerkannt

Die schwierigste Herausforderung ist eine Übereinstimmung bei den Zielen der Institution – bei der grundlegenden, langfristigen Ausrichtung. Ziele sind allumfassend, und ihre Anzahl sollte gering sein. Wenn Sie mehr als fünf Ziele haben, haben Sie gar keine. Ziele sorgen für absolute Klarheit darüber, worauf Sie Ihre Ressourcen richten werden, um Ergebnisse zu bekommen – das ist das Kennzeichen einer Organisation, die es ernst meint mit dem Erfolg. Ziele erwachsen aus der Mission, zeigen der Organisation die richtige Marschrichtung, bauen auf Stärke auf, orientieren sich an Chancen, und alle zusammen skizzieren sie Ihre gewünschte Zukunft.

Eine Option für dabei ist die Bekundung der Vision einer Zukunft, in der die Ziele der Organisation erreicht wurden und sie ihre Mission erfüllt hat. Die Vision der Drucker-Stiftung lautet: *Eine Gesellschaft, die den sozialen Sektor als führende Kraft erkennt, um gesunde Gemeinschaften und verbesserte Lebensqualität zu schaffen.* Ich habe mit Menschen zusammengearbeitet, die sich durch diese oft idealistischen und poetischen Aussagen hochgradig motiviert fühlten, während andere sagten: »Lasst euch davon nicht mitreißen.« Wenn das Bekunden einer Vision – sei es ein Satz oder eine Seite – hilft, den Plan voranzutreiben, sollten Sie sie unter allen Umständen mit einschließen.

Hier ist das Beispiel für Vision, Mission und Ziele eines Kunstmuseums.

Vision: Eine Stadt, in der das vielfältige künstlerische Erbe aus aller Welt geschätzt wird und deren Einwohner die Begegnung mit Kunst suchen, um Geist und Seele neue Nahrung zu geben.

Mission: Menschen mit Kunst zusammenbringen.

Ziel 1: Die Sammlung bewahren, Partnerschaften anstreben und außergewöhnliche Objekte erwerben.

Ziel 2: Die Menschen dazu befähigen, Kunst zu entdecken, sich an ihr zu erfreuen und sie zu verstehen mithilfe von populären und wissenschaftlichen Ausstellungen, Bildungsarbeit und Publikationen.

Ziel 3: Die Zielgruppe eines Museums bedeutend erweitern und seinen Einfluss mit bestehenden und neuen Mitgliedern verstärken.

Ziel 4: Hypermoderne Hilfsmittel und Gerätschaften, Technologien und Arbeitsprozesse bereithalten.

Ziel 5: Die langfristige finanzielle Sicherheit erhöhen.

Das Bauen rund um Mission und langfristige Ziele ist der einzige Weg, kurzfristige Interessen einzubeziehen. Dann kann das Management immer fragen: »Führt ein Ziel uns zu unserem grundlegenden langfristigen Ziel, oder führt es uns auf ein Nebengleis, lenkt es uns ab, lässt es uns unsere Zielorientierung aus den Augen verlieren?« Der heilige Augustinus sagte: »Für Wunder muss man beten, für Veränderungen muss man arbeiten.« Ihr Aktionsplan führt Sie dahin, für Veränderungen zu arbeiten. Er verwandelt Absicht in Handeln.

Zielsetzungen sind messbar, konkret und liegen in der Verantwortung des Managements

Zielsetzungen sind spezielle und messbare Grade des Erfolgs, welche die Organisation auf ihre Ziele hin treiben. Die Geschäftsführung ist verantwortlich für die Entwicklung von Zielsetzungen und die darauf folgenden Ablaufschritte und detaillierten Finanzpläne. Sie darf nicht auf dem Niveau taktischer Planung handeln, sonst behindert sie die Flexibilität des Managements in der Frage, wie Ziele erreicht werden. Im Zuge der Planentwicklung und -umsetzung ist die Geschäftsführung verantwortlich für die Mission, für Ziele und für die Zuteilung von ergebnisorientierten Ressourcen, sowie für die Bewertung von Fortschritt und Leistung. Das Management ist verantwortlich für die Zielvereinbarungen, für Ablaufschritte, für die unterstützenden Mittel, aber auch für den Beweis effektiver Leistung.

Fünf Elemente effektiver Pläne

1. *Aufgabe/Verzicht:* Die erste Entscheidung ist, ob etwas, das nicht funktioniert, aufgegeben wird – die Dinge, die sich überlebt haben oder keinen Beitrag mehr leisten. Fragen Sie sich bei jedem Programm, jedem System, jeder Kundengruppe: »Wenn wir es nicht schon hätten, würden wir uns heute in diesem Bereich engagieren?« Wenn die Antwort »nein« lautet, heißt es: »Wie kommen wir da raus, und zwar schnell?«
2. *Schwerpunktsetzung:* Schwerpunkte zu setzen heißt, aufbauen auf Erfolg, dasjenige stärken, was funktioniert. Die beste Regel ist, weitere Anstrengungen in Ihre Erfolge zu investieren. Sie werden maximale Ergebnisse erzielen. Wenn Sie eine starke Leistung erbracht haben, ist dies genau der richtige Zeitpunkt, um zu fragen: »Können wir einen noch höheren Standard erreichen?« Die Konzentration auf das Wesentliche ist entscheidend, aber sie ist auch sehr riskant. Sie müssen nämlich den richtigen Schwerpunkt setzen, andernfalls – um einen militärischen Aus-

druck zu verwenden – lassen Sie Ihre Flanke völlig ungedeckt.

3. *Innovation:* Sie müssen auch auf den Erfolg von morgen sehen, auf echte Innovationen, auf die Vielfältigkeit, welche die Fantasie anregt. Welche Chancen gibt es, welche neuen Bedingungen, welche neuen Themen? Passen sie zu Ihnen? Glauben Sie wirklich daran? Aber Sie müssen vorsichtig sein. Bevor Sie näher auf etwas Neues eingehen, sagen Sie nicht gleich: »Ja, so machen wir es.« Sagen Sie: »Lassen Sie uns herausfinden, was hierfür erforderlich ist. Worauf legt der Kunde Wert? Was ist der neueste Stand? Können wir etwas bewegen?« Es ist unentbehrlich, Antworten auf diese Fragen zu finden.

4. *Übernahme von Risiken:* Planung schließt immer Entscheidungen darüber ein, wo Risiken eingegangen werden. Die Übernahme einiger Risiken können Sie sich leisten – Manches, was schiefgeht, ist leicht und mit wenig Verlust reversibel. Und einige Entscheidungen bergen vielleicht größere Risiken, die Sie aber zwangsläufig eingehen müs-

sen. Sie müssen die kurzen und die langen Strecken miteinander abgleichen. Wenn Sie zu zurückhaltend sind, verpassen Sie die Chance. Wenn Sie sich zu schnell engagieren, gibt es vielleicht keine lange Strecke mehr, über die Sie sich Sorgen machen müssten. Es gibt keine Formel, die Ihnen die Entscheidung abnimmt, Risiken einzugehen. Solche Entscheidungen bedeuten stets unternehmerisches Wagnis, sind ungewiss, aber sie müssen getroffen werden.

5. *Analyse:* Zuletzt ist es bei der Planung wichtig zu erkennen, ob Sie einen Tätigkeitsbereich aufgeben, ob Sie Schwerpunkte setzen, sich für etwas Neues engagieren oder ein bestimmtes Risiko eingehen sollten. Sie sind sich noch unsicher? Dann ist Ihre Zielvorgabe, eine Analyse vorzunehmen. Bevor Sie eine endgültige Entscheidung treffen, untersuchen Sie einen schwachen, aber wichtigen Leistungsbereich, ein sich am Horizont abzeichnendes Problem, eine günstige Gelegenheit, die sich gerade erst herauskristallisieren.

Dafür sorgen, dass alle den Plan verstehen und sich mit ihm identifizieren

Der Plan beginnt mit einer Mission. Er endet mit Ablaufschritten und einem Budget. Ablaufschritte schreiben Verantwortlichkeiten für Zielvorgaben fest – wer wird was wann tun – und das Budget stellt die Ressourcen zur Verfügung, die für die Implementierung des Plans notwendig sind. Um Verständnis für den Plan zu wecken und die Menschen dazu zu bringen, dass sie sich mit ihm identifizieren, werden die Ablaufschritte genau von den Menschen entwickelt, die sie auch ausführen werden. Jeder, der eine Rolle dabei spielt, sollte die Möglichkeit haben, Input zu geben. Dies scheint unglaublich langsam. Aber wenn der Plan dann fertig ist, versteht ihn am nächsten Tag jeder, und mehr Menschen in der Organisation wollen das Neue, engagieren sich dafür und sind bereit zum Handeln.

Das Bewertungs-Team wird den endgültigen Plan dem Direktorium vorstellen. Nach der Präsentation und Diskussion wird der Direktoriumsvorsitzende das Direktorium um die Befürwortung der Mission, der Ziele und des unterstützenden Budgets ersuchen. Der Vorsitzende mag um die Annahme eines Leitbilds bitten, wenn eines entwickelt wurde, als Teil des Plans. Sobald die Zustimmung gegeben wurde, beginnt die Implementierung.

Nie wirklich zufrieden sein

Dies ist die letzte der Selbsteinschätzungs-Fragen, und Ihre Einbindung als Mitwirkender nähert sich dem Ende. Bewertungen werden weiterlaufen. Die Organisation muss die Fortschritte und das Erreichen von Zielen verfolgen, und vor allem muss sie Ergebnisse daran bemessen, inwieweit sie das Leben der Menschen verändert haben. Sie müssen den Plan anpassen, wenn sich die Umstände ändern, wenn es schlechte Ergebnisse oder einen Überraschungserfolg gibt oder wenn der Kunde Sie zu einem anderen Ort führt als zu dem, den Sie sich vorgestellt hatten.

Wahre Selbsteinschätzung ist niemals abgeschlossen. Die Führung einer Organisation erfordert ständige Feinjustierung und Neufokussierung, nie wirklich zufrieden zu sein ist unabdingbar. Ich ermutige Sie ganz besonders dazu, immer wieder zu fragen: *Was ist es, wofür wir den Menschen am Ende im Gedächtnis bleiben wollen?* Es ist die entscheidende

Frage, die Sie dazu veranlasst, sich selbst – und die Organisation – zu erneuern, weil sie Sie dazu drängt zu sehen, was werden kann. Sie ist Ihr Zielkompass.[1]

Was ist unser Plan?

V. Kasturi Rangan

Planung ist der Prozess der Übersetzung der Leitidee und der strategischen Ziele der Organisation in eine Reihe von umsetzbaren Programmen und das Bestimmen eines Wegs, wie jene, die sich innerhalb der Organisation befinden, diese Ziele erreichen können. Nach Peter F. Drucker ist die Mission, das Leitbild einer Organisation ein Schlüsselelement des Plans, gemeinsam mit der Vision, den Zielen, Zielvereinbarungen, Ablaufschritten, einem Budget und der Beurteilung. Er geht noch weiter und sagt, dass, wenn es korrekt vorbereitet wurde, das Leitbild drei Fragen beantworten wird: *Was ist unser Zweck? Warum tun wir das, was wir tun? Was ist es, wofür wir den Menschen am Ende im Gedächtnis bleiben wollen?*

Obwohl Drucker sich bei diesen drei Fragen auf ihre Relevanz für Organisationen konzentriert, ist es meine Beobachtung, dass es genauso gut auch für individuelle Unternehmer nützlich ist, sich diese Fragen zu stellen – besonders für junge Leute mit dem leidenschaftlichen Wunsch, die Welt, in der sie leben, zum Besseren zu verändern.

Als Professor für Marketing ist es für mich nicht ungewöhnlich, dass Studenten mir aufgeregt von ihren Ideen für neue Produkte erzählen, von denen sie überzeugt sind, dass sie einen positiven Effekt auf das Leben von Tausenden, wenn nicht Millionen von Menschen haben werden – besonders für die Armen und Entrechteten. Sie sind unterschiedslos davon überzeugt, dass ihre Ideen von so großem Wert sind, dass sie sich quasi von allein durchsetzen werden.

Zwar mögen viele dieser Ideen tatsächlich gut sein, doch beinahe jeder Jungunternehmer, der mit einer davon zu mir kommt, hat dasselbe grundlegende Problem: Er oder sie hat keinen konkreten Plan, die gute Idee in die Realität umzusetzen.

Nehmen wir zum Beispiel eine enthusiastische Unternehmerin, die kürzlich mit der Idee zu mir kam, Damenbinden aus lokal erhältlichem Pflanzenmaterial zu produzieren, das kostenlos verfügbar sei. »Sie werden kostengünstig überall erhältlich sein«, sprudelte sie hervor, »und es Tausenden von jungen Mädchen ermöglichen, während ihrer Periode weiter zur Arbeit oder zur Schule zu gehen.« Zu ihrer Ehre sei gesagt, dass sie eine präzise Vorstellung von den Produktionskosten und auch vom angestrebten Preis hatte. Aber als ich sie mit den Fragen konfrontierte: »Wer ist der Kunde – das junge Mädchen, ihre Mutter, oder ihr Vater – und wer wird zahlen?«, kam sie ins Grübeln.

Meiner Erfahrung nach mangelt es jungen Leuten nicht an Ideen – im Gegenteil, sie sprudeln nur so über von Ideen. Aber ohne einen Plan sind es eben nur Ideen. Und es braucht mehr als nur Ideen, um die echten Hürden zu überwinden bis zum Endkunden: eine Lieferkette muss aufgebaut werden, Geld beschafft werden, ein neues Produkt, ein neuer Service muss lanciert werden, ein Vertrieb aufgebaut werden, strategische Ziele müssen beschlossen werden. Wenn ich mit meinen Studenten darüber spreche, einen Plan zu erstellen, um ihre Ideen Wirklichkeit werden zu lassen, bitte ich sie gewöhnlich, gründlich über die Antworten auf die folgenden vier konkreten Fragen nachzudenken:

1. *Welches Problem versuchen Sie zu lösen, und für wen versuchen Sie es zu lösen?* Der Man-

gel von Damenbinden zu einem bezahlbaren Preis ist ein signifikantes Problem in Entwicklungsländern, aber dieses Problem ist vielschichtiger, als es auf den ersten Blick scheint. Es ist klar, dass die jungen Frauen selbst, die Zielgruppe, nicht über die Geldmittel zum Kauf verfügen, wer also wird für sie der Käufer sein? Welches sind die sozialen und kulturellen Einstellungen gegenüber diesem neuen Produkt im Haushalt? Wie sieht die gegenwärtige Praxis aus? Wenn eine Idee nützlich sein soll, muss es den gegebenen Realitäten angepasst sein. Kann die Idee das Problem lösen? Wird es dem Endverbraucher nützlich sein? Wird der Käufer zum Kauf motiviert sein?

2. *Wie werden Sie die Wertschöpfungskette vervollständigen?* Produkte entstehen nicht aus dem Nichts heraus; sie müssen entworfen werden, es muss einen Prototyp geben, sie müssen getestet, fabriziert, beworben, verkauft, ausgeliefert, nach dem Kauf gegebenenfalls gewartet werden. Die Wertschöpfungskette ist komplex, selbst bei einfachsten Produkten. Diese Jungunternehmerin bei-

spielsweise hatte eine recht gut ausgearbeitete Lieferkette von einem speziellen Pflanzenabfall mit exzellenten absorbierenden Eigenschaften ersonnen. Aber würde das Rohmaterial immer noch kostenlos verfügbar sein, wenn ihr kommerzieller Nutzen entdeckt wäre? Würden die vor Ort produzierten Produkte noch von derselben Qualität und Beschaffenheit sein wie die im Labor entwickelten? Würde das Produkt von Tür zu Tür verkauft oder im Einzelhandel? Je nachdem, welche Art der Vermarktung gewählt würde, wären die unterstützende Logistik und die Kosten andere. Ohne Berücksichtigung der vollständigen Wertschöpfungskette kann eine Tabellenkalkulation (die nebenbei bemerkt dieser Tage wegen der Verfügbarkeit entsprechender Software sehr leicht zu machen ist) sehr rosig ausschauen, ohne realistisch zu sein.

3. *Welchen Plan haben Sie zur Markteinführung?* Sobald die Idee gründlich durchdacht und die Wertschöpfungskette mehr oder weniger ausgemacht ist, muss ein Business-Plan erstellt werden, mit Zielen, überprüf-

baren Eckdaten und unter Berücksichtigung aller Eventualitäten. Beachten Sie bitte, dass ich nicht empfehle, dass ein Unternehmer, bevor er sich hineinstürzt, die abschließenden Antworten auf alle Fragen hat, was den Endverbraucher und die Lieferkette betrifft. Es ist gut, sich alternativer Thesen und alternativer Wege bewusst zu bleiben, so dass man andere Möglichkeiten erwägen kann, wenn ein Weg nicht wie erwartet funktioniert, und einen alternativen Weg probieren kann. Um effektiv zu sein, muss der Plan die folgenden zentralen Elemente enthalten:

a) *Eine Fokussierung auf einige wenige betriebliche Ziele:* Unternehmer schreiben nicht gerne formelle Ablaufpläne. Sie finden es lästig und halten es für Zeitverschwendung. Doch dies ist etwas, das alle Geldgeber fordern werden. Aber ungleich großen Organisationen, die dazu neigen, detaillierte Pläne zu schreiben, die alle Aspekte von Marketing, Verkauf, Produktion und Beschaffung enthalten, tun Unternehmer – insbesondere Einzelunternehmer – besser daran, einen einfacheren

Plan zu erstellen, der ein paar betriebliche Schlüsselziele auf ein funktionsfähiges Niveau bringt. Diese betrieblichen Ziele sollten einfach gefasst sein, Sie sollten auf eine Karteikarte passen und keine Heftmappe brauchen. Wenn diese betrieblichen Ziele gut ineinander greifen, sollten sie zu einer Finanzaufstellung führen. Eine Gewinn- und Verlustrechnung ist weniger nützlich als eine Bruttoertragsanalyse mit Wachstumsprognosen und Investitionsbedarf. Ob es dem Unternehmer gefällt oder nicht, ohne solch eine finanzielle Analyse ist es unwahrscheinlich, dass er einen Geldgeber findet, der signifikant in den Aufbau und das Wachstum seines Geschäfts investiert.

b) *Beständig, aber nicht dogmatisch in der Ausrichtung:* »Planung heißt nicht, die Zukunft zu lenken. Jeder Versuch, das zu tun, ist dumm; die Zukunft ist unvorhersehbar«, schrieb Drucker in einer früheren Ausgabe seines Selbsteinschätzungs-Programms. Das ist der Grund, warum es so entscheidend wichtig ist, offen zu bleiben für die potenziellen alternativen Wege, ans Ziel zu gelangen, während man unbeirrt weiter in die gewählte Richtung geht, bis ein Wechsel auf einen anderen Pfad entschieden wurde. Flexibilität und eine lernbereite Haltung sind zwei wichtige Merkmale eines effektiven Plans. Leidenschaft und Ideen treiben Unternehmer voran. Mit Unsicherheiten umzugehen sollte Teil der unternehmerischen DNA sein, und so wird es, wenn eine statistische Schlussfolgerung über Kunden oder Kosten fehlschlägt, nur bedeuten, dass der Plan angepasst werden muss, nicht, dass er aufgegeben wird. Darum ist es so wichtig, schon zuvor alternative Wege und Thesen durchdacht zu haben, denn so kann man die Anpassungen aufgrund der neuen Daten aus der Praxis vornehmen und mit einer überarbeiteten Vorgehensweise in die Praxis zurückgehen.

c) *Monitoring:* Monitoring ist entscheidend für die Verbesserung der Strategie. Der Hauptzweck des Monitoring, der Überwachung der Durchführung, besteht darin, die Logik jedes Programms und seiner Komponenten zu verstehen und zu überprüfen, ob alles so gemacht wird, wie es gemacht werden sollte. Wenn also der Zweck einer Tür-zu-Tür-Kampagne darin besteht, die Mutter vom Nutzen der Monatsbinde zu überzeugen, so dass sie wiederum ihre Tochter dazu bringt, sie auszuprobieren, und ihren Mann, sie zu kaufen, dann ist es von größter Wichtigkeit, die Quantität und die Qualität solcher häuslichen Besuche zu überwachen, bevor man sich die Verkaufsergebnisse anschaut. Alle Hauptbestandteile eines Plans müssen so weit heruntergebrochen werden, dass sie mess- und überprüfbar werden. Unternehmer sind dafür berüchtigt, dies nicht zu tun. Sie schauen auf Gesamtergebnisse und haben ein dumpfes Gefühl, was funktionierte und was nicht, und dabei verpassen sie eine gewaltige Chance, Daten und ökonomische Rationalität in Bezug zu setzen zu ihren Ideen und ihrem Enthusiasmus.

4. *Welches ist Ihre Rückzugsstrategie?* Mit Rückzugsstrategie meine ich nicht einzig den Rückzug von der Börse oder irgendeinen anderen finanziellen Rückzug aus dem Geschäft. Das mag eine Möglichkeit sein, aber was gemeinnützige Unternehmen angeht, bedeutet es, die Kontinuität der Lösung sicherzustellen, um den langfristigen Erhalt der Idee selbst zu gewährleisten. Greifen wir noch einmal zurück auf das Beispiel der Monatsbinden: Obwohl diese Unternehmung direkt einigen Erfolg mit dem Verkauf der Binden auf einem kleinen Markt haben könnte, besteht die Chance, dass die Idee einen viel größeren Erfolg haben wird, wenn ein Partner in einer Nonprofit- oder Gesundheitsorganisation eingebunden wird, der bereits in dem Entwicklungsland aktiv ist und dort die Aufklärungsarbeit und die Verteilung an Individuen übernehmen kann. Dies würde helfen, die langfristige Zukunftsfähigkeit sowohl der Idee als auch ihres Wertes für die Gesellschaft sicherzustellen. Die Skalierung, das Festlegen von Maßstäben, ist vielleicht das Schwierigste, besonders in

einem sozial eingestellten Unternehmen, denn was in dem einen Ökosystem funktioniert, mag für ein anderes ungeeignet sein. Unternehmer im gemeinnützigen Sektor sollten sorgfältig alle Aspekte eines erfolgreichen Modells studieren und sie nur dann zum Maßstab festlegen, wenn die wesentlichen Elemente sich reproduzieren lassen. Wenn nicht, wird es ein wesentlicher Bestandteil des Plans sein, geeignete Partner zu finden, die Teil der Arbeitsgemeinschaft werden.

Planung für Nachhaltigkeit: Die Geschichte von Mi Casa

Juana Bordas

Peter F. Drucker zufolge gibt es fünf Elemente eines effektiven Plans: Aufgabe/Verzicht, Schwerpunktsetzung, Innovation, Übernahme von Risiken und Analyse. Dies mag so sein, doch wie wissen Sie, ob all die Arbeit, die Sie in den Planungsprozess investiert haben, wirklich effektiv war?

Meiner Erfahrung nach ist der beste Weg für Führungspersönlichkeiten, die Effektivität ihrer Planung zu überprüfen, ihre Organisationen im Test der Zeit zu beobachten. 1976 besuchte ich das Organisationstreffen des Mi Casa Resource Center for Women. Ich blieb zehn Jahre – war tätig als Aufsichtsratsvorsitzende, Geschäftsführerin von Jugend-Programmen und dann als Hauptgeschäftsführerin bis 1986. Beinahe 40 Jahre später ist Mi Casa die größte gemeinnützige Organisation im US-Bundesstaat Colorado für die hispanische Bevölkerung, und landesweit wird sie als Modell für das wirtschaftliche Empowerment und für die Unabhängigkeit von Latinas betrachtet. Welche Lektion über Planung kann man aus einer kommunalen gemeinnützigen Organisation ziehen, welche die turbulentesten wirtschaftlichen und politischen Zeiten überlebt hat und sogar dabei prosperierte? Was können junge Leute, die nun in ihren Dreißigern sind und in einem sozial gesinnten Unternehmen starten oder ein eigenes Unternehmen aufbauen wollen, aus der Geschichte von Mi Casa lernen, um ihre Organisation auf Erfolgskurs zu bringen?

Ein Plan für die Leitung

Das Organisationskomitee von Mi Casa bestand aus Müttern des Erziehungsprogramms Head Start (Anm. d. Übers.: Head Start ist ein Programm für kompensatorische Erziehung in den USA. Es soll vor allem die Bildungschancen für Kinder aus sozial schwachen Familien verbessern.) und hispanischen berufstätigen Frauen. Menschen, denen Mi Casa dienen würde, mit erfahrenen Frauen aus ähnlichen Organisationen zusammenzubringen, war von entscheidender Bedeutung. Der Kunde saß bereits am Organisationstisch. Die in diesem Berufsfeld erfahrenen Frauen, wie ich, waren in ähnlichen Umständen wie die zukünftigen Kundinnen von Mi Casa aufgewachsen und wussten, was es für Latinas brauchte, um erfolgreich zu werden. Dies waren Schlüsselelemente – und ich glaube Voraussetzungen – für die erfolgreiche, langfristige Planung einer kundenzentrierten Organisation wie Mi Casa.

Ein Plan, der kundenzentriert und ergebnisorientiert ist

Es ist einfach, seine Kunden zu kennen, wenn sie in leitender Position am Konferenztisch sitzen. Doch Drucker warnt: »Die Gefahr ist, dass Sie sich auf Ihre Annahme dessen verlassen, was den Kunden zufriedenstellt … gehen Sie zum Kunden.« Wir planten also zudem eine Haus-zu-Haus-Umfrage, um zu ermitteln, was hispanische Frauen mit niedrigem Einkommen wollten. Die Ergebnisse waren nicht welterschütternd: gute Jobs, Highschool-Abschluss, Englischkenntnisse, ein guter Platz zum Lernen und Hilfe für junge Latinas, um die Schule zu beenden. Diese Bedürfnisse sind immer noch das Herzstück der Programme von Mi Casa.

Der Erfolg würde auch davon abhängen, inwieweit wir Nebenkunden bzw. unterstützende Kunden anziehen konnten – Ehrenamtliche, Finanziers, andere Organisationen und führende Mitarbeiter der Gemeindeverwaltung. Mi Casa baute Partnerschaften zu Gemeindeverwaltungen und Stiftungen auf und fokussierte sich bei der Nebenkundengewinnung auf Zahlen und Ergebnisse.

Als ich Direktorin war, konnte einem Finanzier vorgerechnet werden, dass durch die Investition von 1800 US-Dollar in ein Programm für eine Hochrisiko-Latina, damit sie die Highschool beenden konnte, im Laufe des Lebens dieser jungen Person der Staat Colorado 200 000 US-Dollar an Steuern von ihr zurückbekommen würde. 85 Prozent der von uns geförderten Mädchen würden ihren Highschool-Abschluss machen, und mehr als die Hälfte von ihnen würde einen höheren Bildungsabschluss anstreben. Wenn Finanziers qualifizierte Arbeitskräfte für die Zukunft suchten, würde Mi Casa sie liefern können.

Heute führt Mi Casa diese Tradition weiter fort, indem wir Programme in den Planungsprozess einbinden, welche die Bedürfnisse heutiger Arbeitgeber erfüllen: Programme für bilinguale Kassiererinnen,

Computer-Kurse, Seminare für das Gesundheitswesen und für den Kundendienst.

Ein Plan, der auf einer Mission für sich ändernde Zeiten beruht

Die wichtigste Antriebskraft für langfristige Planung ist die Mission. Drucker sagt: »Der Plan beginnt mit einer Mission.«

Mi Casa hatte nicht nur eine Mission – es hatte auch Frauen, die diese Mission zu ihrer eigenen machten. 1976 war der Vorstoß, eine gemeinnützige Gesellschaft für lateinamerikanische Frauen zu gründen, bahnbrechend und inspirierend. Darüber hinaus deutete das Logo von Mi Casa – ein Haus mit dem Symbol der Frauen darin – an, dass, wenn die Latinas vorankämen, das auch ihren Familien und Gemeinschaften guttun würde. Die Mission war weitgefasst genug, um 2008 eine neue zu erzeugen und den wirtschaftlichen Erfolg auch auf *Latino families* zu übertragen.

Obwohl Mi Casa sich auf Lateinamerikanerinnen konzentrierte, hieß die Organisation auch Angehörige anderer Kulturen willkommen. Mi Casa hatte ihre kulturelle Mitte und war dennoch offen und integrativ! Dies ist besonders relevant für die junge Generation von heute: Wie schafft man Organisationen, die vier Generationen einbeziehen, die Seite an Seite arbeiten? Welchen Plan verfolgt man, um unserer sich mehr denn je diversifizierenden Gesellschaft zu dienen?

Ein Plan, der sich auf eine Kultur konzentriert, aber offen für andere ist

Organisationen, die bestimmten Bevölkerungsschichten dienen, müssen auf die speziellen Bedürfnisse ihrer Kunden reagieren. Mi Casa war eine kulturelle Oase, in der lateinamerikanische Frauen Selbstvertrauen erlangen und Fähigkeiten erwerben konnten, die nötig waren, um in der dominierenden Kultur erfolgreich zu sein.

An der Tür des ersten Hauses, das in der Nachbarschaft gemietet wurde, gab es ein Schild: *Bienvenido to Mi Casa*, was die lateinamerikanischen Werte von Großzügigkeit, Teilen und Toleranz, das Miteinbeziehen anderer Kulturen zum Ausdruck brachte. Der anhaltende Erfolg der Organisation beruht auf dieser Politik der offenen Tür. Mi Casa war eine der ersten lateinamerikanischen Organisationen, die ihr Direktorium breit aufstellte. Einflussreiche Kräfte der Gesellschaft wurden einbezogen und zu Anwälten des Erfolgs von Mi Casa. Das Miteinbeziehen braucht sorgfältige Planung, freundlichen Kontakt über enge Grenzen hinweg, den Aufbau von Beziehungen und einen Willkommens-Geist!

Ein Plan, der auf Lernen gründet und damit zukünftigen Erfolg sicherstellt

Drucker warnte Organisationen davor, die Mission dem Gewinnstreben zu unterstellen. In den 1980er Jahren drängten Stiftungen gemeinnützige Organisationen, Geschäfte zu eröffnen, um Geld zu erwirtschaften. Nach einer sorgfältigen Analyse des Marktbedarfs und der Fähigkeiten, die unsere Frauen hatten, und der Ermittlung der Geldmittel und der Partner, die für das Start-up gebraucht wurden, gründete Mi Casa *A Woman's Touch* – einen Reinigungsdienst, bei dem die beschäftigten Frauen 30 Prozent mehr verdienen konnten als in ähnlichen Jobs am Markt. Innerhalb eines Jahres verließen die Frauen uns, um ihre eigenen Reinigungsdienste zu gründen. Der ursprüngliche Plan, aus dieser Unternehmung Kapital zu ziehen, war passé. Aber wir wussten nun, wie man Frauen dabei unterstützt, ihr eigenes Geschäft zu gründen.

Oft sind Fehler unsere größten Lehrmeister. Latinas bilden heute den am schnellsten wachsenden Kleinbetriebe-Sektor. 1988 gründete Mi Casa sein Geschäftszentrum, um Latinas und anderen aufstrebenden Unternehmerinnen Start-up-Hilfe zu leisten. 2013 wurden 80 neue Unternehmen gegründet, die 7,5 Millionen US-Dollar Einnahmen erwirtschafteten.

Ein Plan, der Bestand hat

Obwohl Jahrzehnte von Planung, Erfahrung und Lernen neue Programme in Gang gebracht haben, blieb die Kernmission von »Mi Casa« bestehen. Wir lernten, dass für die effektive Planung auf lange Sicht folgende Schlüsselelemente notwendig sind:

- Die Mission muss eine tiefe Bedeutung haben und gleichzeitig an veränderte Bedingungen anpassbar sein – sie ist am stärksten, wenn sie von den Leuten kommt, denen sie dient.

- Immer auf die Kunden fokussiert, aber ergebnisorientiert sein.
- Geleitet von einer Gemeinschaft von Führungspersönlichkeiten (Mitarbeiter, Aufsichtsrat, Kunden und kommunalen Partnern), unter denen Besitzanteile und Verantwortlichkeit geteilt sind – was Kontinuität und Erfolg erzeugt.
- Eine strenge Fokussierung auf die Ziele von Programmen und das Monitoring von bedienten Kunden, Kosten und Kundezufriedenheit stellt Verantwortlichkeit sicher.
- Die Pflege eines toleranten Milieus mit einem Willkommens-Geist für andere Kulturen, während der Schwerpunkt im Anbieten von Diensten für eine bestimmte Kultur liegt.
- Flexibel bleiben und immer weiter lernen – ein sogenannter Fehler kann zu einem großen Gewinnposten werden.

Historische Anmerkung: Der aufkommende lateinamerikanische Einfluss ist ein heutiges historisches Phänomen, welches von der amerikanischen Bürgerrechtsbewegung der 1960er Jahre und von der Gründung von vielen lateinamerikanischen

Organisationen in den 1970er und 1980er Jahren Auftrieb bekommen hat. Mi Casa, im Jahr 1976 gegründet, war damals eine der ersten lateinamerikanischen Organisationen, die sich auf die Unterstützung von Frauen konzentrierte.

Millenniums-Takeaway

Caroline Ghosn

Das Wichtigste, was eine Führungskraft tun kann, ist das Artikulieren einer Vision. Wenn sie das tut, versammelt sie Menschen um sich, die intelligenter, erfahrener und in mancher Hinsicht besser als sie selbst ist, um – mit zunehmender Geschwindigkeit – die Organisation gemeinsam auf diesen entfernten Punkt am Horizont, die Vision, hinzubewegen. Eine Vision lässt sich nicht ohne einen klaren Plan umsetzen, denn sobald man andere Menschen erfolgreich dazu inspiriert hat, sich mit einem zusammenzutun, ist dies etwas Greifbares, mit dem sich konkret etwas anfangen und bewegen lässt. Je deutlicher der Plan ist, desto geringer der Verlustfaktor zwischen den Menschen, die sich engagieren, und ihrem Handeln auf das gemeinsame Ziel hin. Sehen Sie zu, dass die Pipeline zwischen Vision und Umsetzung kein Leck bekommt – das beste Mittel zur Abdichtung, das Ihnen dabei zur Verfügung steht, ist Ihr Plan.

Es gibt bezeichnendes Datenmaterial darüber, dass Unternehmen, die von der Millenniums-Generation geleitet werden – und hier besonders von weiblichen Angehörigen dieser Generation –, die höchsten Index-Werte erreichten, die größten Erfolgschancen haben. Das ist kein Zufall. Die Generation der Millennials ist bereit, Pläne zu erschaffen, die beharrlich die Zielrichtung vorgeben, bei der Umsetzung jedoch flexibel zu bleiben, innerhalb der vorgegebenen Grenzen abzuwandeln, zu experimentieren und zu lernen. Ein Plan ist lebendig und verändert sich, wenn nötig – er ist kein totes Dokument, das nur abgearbeitet wird. Ein Plan wird zur gemeinsamen Basis für ein Gedankenspiel, er ist ein Sandkasten, in dem Sie mit den brillantesten Köpfen Ihrer Organisation experimentieren können und sicherstellen, dass Sie beim Bauen Ihrer Modell-Burgen dasselbe Ziel vor Augen und auch ein Thermometer haben, welches die Hitze des Sandes misst.

Wenn man Angehörige der Generation der Millennials befragt, sagen viele von ihnen so etwas wie: »Ich will etwas schaffen, das die Welt verändert«,

»Ich will etwas bewegen für die Umwelt« oder »Ich will die Situation von Frauen in der Welt durch Erziehung beeinflussen«. Es gibt keinen Mangel an Problemen, die kühne Lösungen brauchen, bei vielen davon tickt erbarmungslos die Uhr. Wir Millennials sind in diese drängende Situation hineingeboren, und sie erfordert, dass wir uns schnell bewegen. Doch schnelle Bewegung bedeutet nicht, ohne Ziel und Richtung loszulaufen. Ganz im Gegenteil – je schneller man sich bewegt, desto schneller führen die kleinen Deltas von der geraden Linie, der man folgen wollte, zu größeren Abweichungen, verlangsamtem Einfluss und Anhäufung von Kosten. Einen Plan zu haben und Datenmaterial zu sammeln, das Ihnen bei der Einschätzung hilft, ob Sie kleine Abänderungen innerhalb dieses Plans vornehmen müssen, hilft Ihnen, fokussiert zu bleiben.

In manchen Fällen sind große Abänderungen notwendig. In anderen mag ein Plan Sie an einen Punkt führen, an dem Sie erkennen, dass die Hypothese, auf der er gründete, nicht mehr länger zum Vorwärtskommen taugt. Auch das ist ein erfolgreicher Plan. Denken Sie wie ein Wissenschaftler: Wenn Sie an einen Punkt gelangen, an dem Ihre Hypothese sich als falsch erweist, gut. Sie haben Zeit gespart, und Sie haben etwas Wertvolles gelernt. Sie müssen eine Experimentier-Struktur sowie Grenzen und Eckpfeiler für die Definition von Erfolg und Misserfolg haben, all das macht einen Plan aus.

Glück kommt zu denen, die dafür bereit sind, so ein altes Sprichwort, und diese Vorbereitung ist für Sie als Führungskraft, die Sie eine Vision haben, das einzig verlässliche Werkzeug in Ihrem Arsenal, um potenziell die Karten zu Ihrem Vorteil mischen zu können. Ein Plan bemisst Ihre Gewinne und lindert Ihre Verluste, indem Meilensteine geschaffen werden, die signalisieren: »Falsche Richtung! Kehre um!«, bevor es zu teuer wird. Ein gut gemachter Plan schafft eine gemeinsame Sprache, mit der die Menschen in einer Organisation kommunizieren und alle zusammen in eine Richtung gehen können – und sich bereit machen für das Glück.

Transformative Führung

Frances Hesselbein

In einer Welt, die permanenten Veränderungen unterliegt, ringen Millionen von Menschen in jedem Wirtschaftssektor mit den neuen Führungsanforderungen. Überall höre ich Manager über dieselben grundlegenden Probleme diskutieren: der lange Weg in die Umgestaltung, vom Status quo in eine unwägbare Zukunft, die vor uns liegt. Rund um den Globus – in Universitäten, Glaubensgemeinschaften, Unternehmen, Regierungsstellen und im aufstrebenden sozialen Sektor – arbeiten Führungskräfte an der Umgestaltung ihrer Institutionen.

Vor ein paar Jahren unternahm ich mit einem Team aus vier Vordenkern eine Reise nach China, um auf Einladung des Bright China Management Institute eine Reihe von Seminaren zu halten. Als wir mit unseren chinesischen Kollegen sprachen, benutzten wir dieselbe Sprache, um die Macht des Leitziels, der Mission, zu beschreiben, die wir auch verwenden, wenn wir mit der Heilsarmee, der US-Armee, dem Unternehmen Chevron oder dem American Institute of Architects zu tun haben: Vision, Mission, Ziele. Die Begriffe sind in jeder Sprache unterschiedlich, aber der ihnen innewohnende Gehalt ist universell. Und mit einem gemeinsamen Verständnis können Menschen in jedem Sektor, in jeder Kultur bedeutsame Gespräche führen, die helfen, Organisationen umzuformen.

Beim Zugriff auf Erfahrungen quer durch die öffentlichen, privaten und sozialen Bereiche habe ich herausgefunden, dass auf dem Weg hin zu einer bedeutsamen, entwicklungsfähigen, effektiven Organisation gewöhnlich acht Meilensteine absolviert werden. Diese Meilensteine sind genauso wichtig für eine kleine Pfadfinderinnen-Gruppe wie für ein großes Privatunternehmen oder ein Regierungsorgan.

1. Die Umgebung sondieren

Durch Lesen, Erhebungen, Interviews usw. machen wir die wichtigsten Trends aus, die unsere Organisation wahrscheinlich berühren. Wesentlich für eine Strategie ist, die Implikationen dieser

Trends auszumachen. Bisweilen haben wir den richtigen Riecher und ein bedarfsgerechtes Programm oder Projekt schon ausgearbeitet, wenn der Trend gerade aufkommt – nicht erst hinterher. Diese Einschätzung sich abzeichnender Tendenzen und Implikationen, unterstützt von internen Daten, bietet einen wichtigen Hintergrund für die Planung von Veränderungen – und damit eine bessere Handlungsbasis als unsere eigenen vorgefassten Meinungen. Sich nur auf Hypothesen zu stützen, kann fatal sein. Institute, ein gemeinnütziges Unternehmen, das von Kane Sarhan und Shaila Ittycheria gegründet wurde, richtet sein Augenmerk sowohl auf die steigenden Kosten für höhere Erziehung als auch auf die gegenwärtig kritische Jugendarbeitslosigkeit, indem es jungen Erwachsenen einjährige Vollzeit-Lehren bei schnell wachsenden Start-ups, Kleinunternehmen und Gesellschaften im ganzen Land vermittelt, um sie für den Arbeitsmarkt fit zu machen und ihr berufliches Weiterkommen zu beschleunigen. Institute knüpft eine Verbindung zwischen jungen Stipendiaten, die einen Arbeitsplatz brauchen, und Unternehmern und Führungskräften, die bereit sind, die Rolle des Mentors zu übernehmen, während man auf ein gemeinsames Ziel hin zusammenarbeitet. Nachdem vor kurzem ein zweites Programm in Washington ins Leben gerufen wurde (Enstitute begann in New York City), verkündeten Kane und Shaila, dass ihr Programm auf St. Louis ausgeweitet würde. Anlass dafür war ein kurz zuvor in der Zeitschrift *Forbes* veröffentlichter Artikel, in dem St. Louis als eine der Städte mit dem größten Wachstum an Start-up-Unternehmen angeführt wurde. Diese einzigartige Möglichkeit eröffnete die Möglichkeit, in einer aufstrebenden Stadt zu arbeiten. Kane und Shaila schauen immer in die Zukunft: Sie planen, bis nächstes Jahr 500 Stipendiaten aufzunehmen.

2. Die Mission überdenken

In unserem Frances Hesselbein Leadership Institute überdenken wir die Mission alle drei Jahre und entwickeln sie weiter, wenn nötig. Die Stiftung ist nun fünfundzwanzig Jahre alt, und wir haben unsere Mission ein paarmal neu überdacht und weiterentwickelt – unsere Fokussierung verfeinernd, geplantes Aufgeben praktizierend und sogar unsere Stiftung umbenennend –, nicht, weil wir es nicht von Anfang an richtig gemacht hätten, mit Peter F.

Drucker bei uns, sondern weil, als Peter von uns ging, sein Name seiner Familie gehörte. Das Leitbild beschreibt auf einfache Weise, warum wir tun, was wir tun, den Grund unserer Existenz – unseren Daseinszweck. Im Bewusstsein, dass Management ein Instrument ist, kein Ziel, managen wir nicht um des Managens selbst willen, sondern um der Mission willen. Und die Mission legt nicht fest, wie gehandelt wird, sondern nur, warum. Sie muss klar, überzeugend, zwingend und stimmig sein. Wenn wir die Mission überdenken, stellen wir uns selbst die ersten drei der fünf entscheidenden Fragen, bei deren Beantwortung Drucker Organisationen geholfen hat:

- Was ist unsere Mission?
- Wer ist unser Kunde?
- Worauf legt der Kunde Wert?

Wenn wir diese drei Fragen beantworten, sind wir auf gutem Weg des Managements für die Mission.

3. Hierarchie verbannen

Transformation erfordert, Menschen aus ihren organisatorischen Schubladen in flexible, flüssige

Management-Systeme zu überführen. Wir können nicht damit fortfahren, Leute in kleine Vierecke eines Struktogramms zu packen. Das führt zu Schubladendenken. Wir ziehen Zyklen vor – konzentrische Zyklen von Funktionen und Positionen in einem Stellenbesetzungsplan, der beinahe organisch aussieht. Systematischer Arbeitsplatzwechsel wird zu einer bereichernden Realität. Menschen bewegen sich umlaufend und zyklisch – erlernen neue Fähigkeiten, erweitern Arbeitsplätze. Wir müssen eine Hierarchie verbannen, die zu unseren heutigen Wissensarbeitern nicht passt, »die den Werkzeugsatz in ihrem Kopf tragen«.

4. Das Evangelium anfechten

Es sollte keine heiligen Kühe geben, wenn wir jede Richtlinie, jeden Grundsatz, jede Arbeitspraktik, jeden Ablauf und jede Hypothese in Frage stellen. Bei ihrer eigenen Transformation müssen Organisationen »geplanten Verzicht« üben – Programme, Grundsätze und Arbeitspraktiken aufgeben, die heute funktionieren, aber für die Zukunft und für die Organisation, die wir aufbauen wollen, um in dieser Zukunft zu bestehen, wenig relevant sind.

5. Die Macht der Sprache benutzen

Führungskräfte müssen immer wieder wenige klare, gleichbleibende Botschaften aussenden. Sie müssen mit ihrer Stimme führen, all ihren Kunden und Auftraggebern einige wenige machtvolle Botschaften übermitteln, die verbinden und erleuchten. Airbnb ist ein Markplatz der globalen Gemeinschaft, welcher Menschen, die authentische Unterkünfte guter Qualität suchen, mit Gastgebern verbindet, die einzigartige Orte zum Aufenthalt anbieten. Als die Gründer Nathan Blecharczyk, Brian Chesky und Joe Gebbia sich fragten: »Was ist unsere Mission?«, deuteten alle Zeichen auf »Zugehörigkeit«. Was unsere globale Gemeinschaft für Airbnb-Kunden bedeutsam macht, ist, dass zum allerersten Mal jeder überall dazugehören kann. Das ist die Idee im Zentrum ihres Unternehmens: Zugehörigkeit. Solch eine machtvolle Sehnsucht – und die Sprache, die damit einhergeht – sind wesentlich, um eine Organisation in die Transformation zu leiten.

6. Verschiedenartige Führung quer durch die Organisation

Jede Organisation muss nicht eine, sondern viele Führungspersönlichkeiten haben. Einige sprechen von »Empowerment«, also Übertragung von Verantwortung auf Untergebene, das heißt mehr Eigenverantwortlichkeit, andere nennen es »Teilen der Führungsaufgaben«. Mir schwebt der Begriff der gestreuten Führung vor – mit Führungskräften, die sich auf jeder Ebene entwickeln und agieren. Führung ist eine Verantwortlichkeit, die von allen Mitgliedern der Organisation geteilt wird.

7. Von vorne führen, nicht von hinten drücken

Die Führungskraft der Zukunft sitzt nicht untätig herum und wartet darauf, aus welcher Richtung der Wind bläst. Die Führungskraft artikuliert klare Positionen zu den Themen, welche die Organisation betreffen, und ist die Verkörperung des Unternehmens, seiner Werte und Prinzipien. Führungskräfte sind in ihrem Verhalten Leitfiguren, sie brechen niemals ein Versprechen und sie wissen, dass es bei Führung darum geht, wie man ist, und nicht darum, wie man etwas tut.

8. Leistung bewerten

Selbsteinschätzung ist wichtig für den Fortschritt. Vom Beginn des Veränderungsprozesses an sind wir uns im Klaren über Mission, Zielvorstellungen und Richtwerte. Wohldefinierte Ablaufschritte und ein Plan für die Bewertung von Ergebnissen sind wichtig für die Planung jedes organisatorischen Wandels. Wir können dann mit etablierten Zielvorgaben und Maßnahmen unsere Reise beginnen. Am Ende des Prozesses, der überschwänglichsten Phase der Reise, bewerten wir unsere Leistung und feiern die Transformation. Wir tun dies, indem wir uns die nächsten zwei von Druckers fünf entscheidenden Fragen stellen, die zuvor erörtert wurden:

- Was sind unsere Ergebnisse?
- Was ist unser Plan?

Rund um den Globus ist für Führungskräfte, die sich der vor ihnen liegenden turbulenten Zeiten bewusst sind, die Reise zur Transformation eine Reise in die Zukunft. Diese Führungskräfte nehmen die Organisation von heute und transformieren sie zum produktiven, hochleistungsfähigen Unternehmen von morgen. Obwohl die Meilensteine auf der

Reise bekannt sind, ist das Ziel unbekannt, und für jede Organisation wird das Ziel nicht nur vom Verlauf der vor ihnen liegenden Straße bestimmt, sondern auch von der Qualität der Mission und der Führung, die sie inspiriert.

Millenniums-Takeaway

Dr. Marshall Goldsmith und Dr. Kelly Goldsmith

Dass ich, noch keine 30 Jahre alt, zum alleinerziehenden Elternteil wurde, ließ mich noch einmal scharf überlegen, worauf ich bei einem Lebenspartner Wert lege, wonach ich suche. Dieselben Eigenschaften, die für mich heute in einer persönlichen Beziehung am wichtigsten sind, sind es auch in geschäftlichen Beziehungen. Über die Qualitäten einer Führungspersönlichkeit nachzudenken hat gleichzeitig mir selbst geholfen, zu einer besseren zu werden.

Für uns Angehörige der Generation der Millennials, mehr als für jede vorhergehende Generation, sind beruflicher und persönlicher Erfolg untrennbar miteinander verwoben. Das ist der Grund, warum so viele der Qualitäten und Merkmale, nach denen wir bei anderen in unserem persönlichen Leben schauen, auch im beruflichen Feld angewendet werden können.

Organisationen stellen Bewerber nicht nur aufgrund ihrer beruflichen Fähigkeiten ein. Jemand mag hochqualifiziert sein, jedoch auch unfokussiert, er hat vielleicht keinen guten moralischen Kompass, ist nicht vertrauenswürdig und unzuverlässig.

An jedem einzelnen Arbeitstag werden Arbeitgeber jemanden einstellen, mit ihm zusammenarbeiten oder eine Partnerschaft mit jemandem eingehen, dem sie vertrauen können, jemand, der verlässlich, intelligent und lernfähig ist, der Veränderungen akzeptiert und der bereit und fähig ist zu lernen, was immer er oder sie wissen muss, um den Job effektiv auszufüllen.

Dies ist meine persönliche Geschichte der Umwandlung meines Lebens und meiner beruflichen Laufbahn:

Ich wurde gebeten, »Gen Y Capital Partners« beim Start-up zu helfen, im frühen Stadium der Unternehmensgründung – nicht weil ich ein fantastischer Investor war, sondern weil ich ein guter Menschenkenner war, weil ich einen analytischen Geist hatte, was Investitionsmöglichkeiten anging, und weil die Leute wussten, dass, wenn ich eine Verpflichtung einging, ich mich auch mit aller Kraft dafür einsetze, und dass ich lernen würde, was auch immer notwendig war, um als Frühphasen-Investor erfolgreich zu sein.

Wenn Sie sorgfältig über die Merkmale und Qualitäten nachdenken, die für Sie am wichtigsten in Ihrem persönlichen Leben sind, können Sie auch Ihr Berufsleben neu ausrichten. Wie Frances Hesselbein sagt: »Am Ende sind es die Qualitäten und der Charakter der Führungspersönlichkeit, welche die Ergebnisse bestimmen.«

Der Prozess der Selbsteinschätzung

Peter F. Drucker

Das *Selbsteinschätzungs-Instrument* wurde absichtlich als anpassungsfähiges Hilfsmittel entwickelt. Wie Sie dieses Buch benutzen, wird von Ihrem Hintergrund und dem speziellen Zweck abhängen, für den die Selbsteinschätzung unternommen wird. Dieses Handbuch lag nicht von selbst vor Ihrer Haustür. Sie halten es in Ihren Händen, weil Sie ein Interesse daran haben oder ein Assessment-Team, ein Referent, ein Manager oder ein Vorsitzender, der sich mit der Ausgestaltung des Selbsteinschätzungsprozesses beschäftigt hat, eine Rolle darin für Sie ausmachte und Sie um Ihre Teilnahme bat. Es liegt in der Verantwortung dieses Teams oder dieses Menschen, den Sinn der Selbsteinschätzung zu erklären und Sie auf bestimmte Erwartungen hinsichtlich Zeit und Aufgaben vorzubereiten.

Der Selbsteinschätzungsprozess benötigt eine umfassende Teilnahme, damit alle ihn verstehen, sich zu eigen machen und bereit zum Handeln sind. Bestimmte Adaptionen des Selbsteinschätzungsprozesses stehen für sich allein und können vielleicht innerhalb einiger Wochen abgeschlossen werden. Übergreifende Selbsteinschätzung für eine Organisation findet in drei Phasen über eine Reihe von Monaten hinweg statt. Ein ausführlicher Prozess-Leitfaden zeigt jenen, welche die Selbsteinschätzung leiten, wie genau sie organisiert und gelenkt wird.

Dieses Arbeitsbuch hat einen doppelten Zweck: *(1) Ihnen vielfältige Denkansätze bieten und (2) Sie und andere auf produktive Diskussionen und Entscheidungen vorbereiten.* Um den besten Nutzen aus dem zu ziehen, was hier angeboten wird, werden Sie drei Dinge tun:

1. Informationen zu Organisation, Kunden, Trends in der betrieblichen Umgebung und andere Selbsteinschätzungs-Materialien und Berichte gründlich durchsehen.
2. Sich mit diesem Buch hinsetzen und, in einer oder mehreren Arbeitssitzungen, sich die notwendige Zeit nehmen, es durchzu-

lesen und wohldurchdachte Antworten auf die wichtigen Fragen finden, die es stellt.
3. Aktiv teilnehmen an einer Klausurtagung, an Gruppendiskussionen, einer Eins-zu-eins-Tiefenbefragung oder anderen Selbsteinschätzungs-Treffen.

Ein letztes Wort zur Benutzung dieses Buchs: Bitte lesen Sie es nicht hastig in letzter Minute. Die fünf Fragen scheinen simpel zu sein, aber sie sind es nicht. Geben Sie ihnen Zeit zu wirken; ringen Sie mit ihnen. Wenn man es richtig macht, entwickeln sich aus der Selbsteinschätzung Können, Kompetenz und Engagement. Aktive und sorgfältige Teilnahme ist die Chance, Ihre Vision weiterzubringen und *die Zukunft zu formen.*[1]

Zur Untersuchung empfohlene Fragen

> »Der wichtigste Aspekt des Selbsteinschätzungs-Instruments sind die Fragen, die es stellt. Antworten sind wichtig; man braucht Antworten, weil man Aktivität braucht. Aber das Wichtigste ist, diese Fragen zu stellen.«
>
> *Peter F. Drucker**

Frage 1: Was ist unsere Mission?

Wenn Sie die alles umfassende Frage stellen: Was ist unsere Mission?, bedenken Sie dabei die folgenden zusätzlichen Fragen – sie könnten Ihnen helfen, die gesuchten Antworten zu finden:

Was versuchen wir zu erreichen?*

- Welches Verständnis hat unsere Organisation gegenwärtig von ihrer Mission?
- Was ist der Daseinsgrund Ihrer Organisation?*
- Warum tun Sie das, was Sie tun?*

- Wofür wollen Sie am Ende den Menschen in Erinnerung bleiben?*

Welche bedeutenden externen oder internen Probleme, Chancen und Themen gibt es?

- Vor welchen bedeutenden Problemen steht die Organisation: demografischer Wandel, veränderte Gesetzgebung oder Bestimmungen, neu aufkommende Technologien, Konkurrenz?
- Welche bedeutenden Chancen bieten sich: Partnerschaften und Zusammenarbeit, Praktiken und Methoden, die einen Wettbewerbsvorteil verschaffen, soziale und kulturelle Trends?
- Vor welchen wichtigen Themen steht die Organisation: Bedarf an mehrsprachigen Angestellten, kommunale Themen, Marktanteil, steigende Kosten im Gesundheitswesen, sich verändernde Vertriebskanäle?

Muss unsere Mission neu überdacht werden?

- Muss unser Leitbild neu definiert werden? Wenn nicht, warum nicht? Wenn ja, warum ist das so?*

- Wie, wenn überhaupt, würden Sie das Leitbild Ihrer Organisation neu schreiben oder welche Neufokussierung würden Sie vornehmen?*
- Welche Probleme, wenn überhaupt, würden sich wahrscheinlich aus einer neuen Mission ergeben? Bei wem? Warum wäre das so? Welche Schritte, wenn überhaupt, würden unternommen werden müssen, um diese Veränderung herbeizuführen?*

Frage 2: Wer ist unser Kunde?

Wenn Sie die übergeordnete Frage »Wer ist unser Kunde?« durcharbeiten, beziehen Sie dabei folgende zusätzliche Fragen mit ein – sie helfen Ihnen vielleicht, die gesuchten Antworten zu finden:

Wer sind unsere Kunden?

- Wer nutzt die Produkte oder Dienstleistungen der Organisation? Bei gemeinnützigen Unternehmen: Wer ist der Hauptkunde – die Menschen, deren Leben durch die Arbeit der Organisation eine Veränderung erfährt? Für

gewinnorientierte Unternehmen: Wer ist gegenwärtig der Hauptkunde, und kann und wird dieser Kunde die Organisation, basierend auf demografischem Potenzial und anderen Faktoren, langfristig erhalten? Bei öffentlichen Institutionen ist der Hauptkunde oft durch die Gesetzgebung festgelegt oder von der Regierungsbehörde, welche die Organisation begründet hat.
- Wer sind die Nebenkunden, also Freiwillige, Mitglieder, Partner, Geldgeber, Empfehlungsquellen, Angestellte und andere – sowohl innerhalb als auch außerhalb der Organisation – die zufriedengestellt werden müssen?
- Welchen Wert bieten wir jedem dieser Kunden?*
- Entsprechen wir mit unseren Stärken, unseren Kompetenzen und wirtschaftlichen Möglichkeiten den Bedürfnissen dieser Kunden? Wenn ja, in welcher Weise? Wenn nein, warum nicht?*

Haben unsere Kunden sich verändert?*

In welcher Weise, wenn überhaupt, haben sich unsere Kunden verändert? Denken Sie dabei an …*

- Demografie (Alter, Geschlecht, ethnische Zugehörigkeit, Menschentyp)*
- Hauptbedürfnisse (Ausbildung, Unterbringung, Tagesbetreuung usw.)*
- Anzahl (größer, geringer)*
- Physisches und psychisches Wohlbefinden (wie Drogenabhängigkeit, familiäre Störungen)*
- Andere Dinge (zum Beispiel Lage, Arbeitsplatz)*
- Welche Implikationen haben diese Veränderungen für Ihre Organisation?*

Sollten wir einige Kunden hinzufügen oder streichen?*

- Welchen anderen Kundengruppen, wenn überhaupt, sollte die Organisation dienen? Warum ist das so?*

- Über welche speziellen Kompetenzen verfügt die Organisation, um den Kunden von Nutzen zu sein?*
- Welchen gegenwärtigen Kundengruppen, wenn überhaupt, sollte die Organisation nicht länger dienen?*
- Warum ist das so? (Haben sich deren Bedürfnisse geändert? Sind Ihre wirtschaftlichen Mittel zu begrenzt? Sind andere Organisationen effektiver? Passen die Bedürfnisse der Kunden nicht mehr zum Leitgedanken Ihrer Organisation? Zu Ihren Kompetenzen?)*

Frage 3: Worauf legt der Kunde wert?

Wenn Sie die übergeordnete Frage »Was schätzt der Kunde?« durcharbeiten, beziehen Sie die folgenden zusätzlichen Fragen mit ein – Sie helfen Ihnen vielleicht, die gesuchten Antworten zu finden:

Worauf legen unsere Kunden Wert?*

- Denken Sie über Wert nach, in dem Sinne, was Ihre Organisation tut, das ein bestimmtes

Bedürfnis erfüllt, Befriedigung schafft oder einen Nutzen für Ihre Hauptkunden bietet, den diese nicht aus einer anderen Quelle ziehen. Für jede Gruppe von Hauptkunden beschreiben Sie kurz, was jede an Ihrer Organisation schätzt.*
- Denken Sie über Wert nach, in dem Sinne, was Ihre Organisation für die Nebenkunden tut: Was erfüllt ein spezielles Bedürfnis, schafft Befriedigung oder einen Nutzen, den diese nicht aus einer anderen Quelle ziehen? Für jede Gruppe von Nebenkunden beschreiben Sie kurz, was jede an Ihrer Organisation schätzt.*
- Was sind die langfristigen Werte und Ziele der Kunden, und inwieweit sind wir in der Lage und kompetent, zu deren Verwirklichung beizutragen?
- Wie gut bietet Ihre Organisation das an, was die jeweiligen Kunden schätzen?*
- Wie kann Ihr Wissen darüber, was Ihre Kunden wertschätzen, verwendet werden, um Entscheidungen in den hier aufgeführten Bereichen zu treffen?

- Produkte oder Dienstleistungen
- Personalbeschaffung
- Ausbildung
- Innovation
- Kapitalentwicklung
- Marketing
- Andere*

- Welche Ressourcen – interne und externe – können Sie nutzen, um den Zufriedenheitsgrad Ihrer Kunden zu bestimmen? Müssen Sie beispielsweise eine Bestandsaufnahme gegenwärtiger Kunden sowie jener, die nicht mehr länger Ihre Dienstleistung in Anspruch nehmen, durchführen?*
- Was schätzen Ihre *Nebenkunden*, was bedeutet für sie Nutzen?*
- Wenn es Spender gibt, schätzen sie Anerkennung oder das ihnen vermittelte Gefühl, dass ihr Beitrag hilft, ein gesellschaftliches Problem zu lösen?
- Wenn es Ehrenamtliche gibt, opfern sie ihre Zeit, weil sie neue Fähigkeiten erwerben wollen, neue Freunde finden wollen oder glauben, dass sie dabei helfen können, das Leben von Menschen zu verändern?

- Wenn die Nebenkunden Distributoren sind oder zur Vertriebskette für unser Produkt oder unsere Dienstleistung gehören, was sind ihre Bedürfnisse und Beschränkungen bezüglich ihrer Mission, Rentabilität und Ziele?

Frage 4: Was sind unsere Ergebnisse?

Wenn Sie die übergreifende Frage »Was sind unsere Ergebnisse?« durcharbeiten, beziehen Sie die folgenden Fragen mit ein – sie helfen Ihnen vielleicht, die gesuchten Antworten zu finden:

Wie definieren wir in unserer Organisation Ergebnisse?*

- Wenn Sie die ersten drei Fragen über Mission, Kunden und Wert durchdacht haben … würden Sie »Ergebnisse« irgendwie anders definieren? Warum oder warum nicht?*
- Wie würden Sie Ergebnisse in Zukunft definieren?

In welchem Ausmaß haben wir diese Ergebnisse erreicht?*

- Was sind die Hauptaktivitäten oder -programme, die beim Erreichen dieser Ergebnisse geholfen haben (oder hinderlich waren)?*
- Wie werden Sie Ergebnisse zukünftig bemessen, sowohl qualitativ als auch quantitativ?

Wie gut nutzen wir unsere Ressourcen?*

- Wie gut nutzt unsere Organisation ihr Humanvermögen – ihre Ehrenamtlichen, ihr Direktorium, Personal usw.? Woher wissen Sie das? Wie *sollte* die Organisation es stattdessen tun?*
- Wie gut nutzt unsere Organisation ihre finanziellen Ressourcen – ihr Geld, ihre Gebäude, Investitionen, Schenkungen? Woher wissen Sie das? Wie sollte die Organisation es stattdessen tun?*
- Wie effektiv widmen wir uns dem Wert und der Positionierung unserer Marke und unserem Markenversprechen?

- Welche Ergebnisse haben die Bemühungen Ihrer Organisation erzielt, Spender für sich zu gewinnen und zu halten? Warum ist das so?*
- Wie definiert die Organisation ihre Ergebnisse und teilt sie den Spendern mit? In welcher Hinsicht, wenn überhaupt, sollte sie ihr Vorgehen ändern? Warum oder warum nicht?*
- Sind andere, ähnliche Organisationen besser darin, ihr Humankapital und ihre finanzielle Ressourcen zu nutzen? Darin, ihr Direktorium oder ihren Vorstand zu nutzen? Wenn ja, warum ist das so? Was können Sie von ihnen lernen?*

Frage 5: Was ist unser Plan?

Wenn Sie die übergeordnete Frage »Was ist unser Plan?« überdenken, sollten Sie die folgenden zusätzlichen Fragen mit einbeziehen – sie helfen Ihnen vielleicht, die gesuchten Antworten zu finden:

Was haben wir gelernt, und was schlagen wir nun vor?*

- Listen Sie die wichtigsten Lektionen auf und fassen Sie die darin enthaltenen, empfohlenen Aktivitäten zusammen.*
- Denken Sie über Informationen nach, die nicht nur in Ihrem Verantwortlichkeitsbereich hilfreich, sondern auch für die Planung der zukünftigen Richtung und Aktivität der Organisation nützlich sein werden.*

Worauf sollten wir unsere Bemühungen konzentrieren?*

- Listen Sie jene Bereiche auf, worauf sich, wie Sie glauben, *die Verantwortlichkeit Ihrer Gruppe oder Ihres Bereichs* fokussieren sollte. Geben Sie kurz Ihre Gründe an und wie jede Gruppe oder jeder Einzelne zur Mission passt.*
- Vor dem Hintergrund dessen, was Sie gelernt haben, listen Sie jene Bereiche auf, von denen Sie glauben, dass sich Ihre Organisation darauf fokussieren sollte. Als Nächstes führen

Sie kurz Ihre Gründe dafür auf und wie jeder davon zur Mission passt.*

Was, wenn überhaupt, sollten wir anders machen?*

- Gibt es Programme, Aktivitäten oder Kundenbedürfnisse, welche die Organisation aufnehmen sollte?*
- Streichen sollte?*
- Sollten sie an andere Organisationen überantwortet werden, also »outgesourct« werden, wenn es unmöglich ist, sie effektiv oder effizient intern bewältigen zu können?*
- Warum ist das so?*

Was ist unser Plan, um Ergebnisse für die Organisation zu erreichen?*

- Was sind die Ziele, die uns befähigen werden, die erwünschten Ergebnisse zu erzielen?
- Für gemeinnützige Organisationen, welches sind die Ziele (die grundlegenden Zielsetzungen), die das Leben der Menschen verändern werden und die Mission weiter voranbringen?

- Was sind die messbaren Zielvorgaben, die uns befähigen werden, unsere grundlegenden Ziele zu erreichen?
- Welche messbaren Ablaufschritte werden uns befähigen, unsere Zielvorgaben zu erreichen?
- Was sind die finanziellen Implikationen der Ressourcen, die für das Erreichen dieser Ziele und Ablaufschritte benötigt werden?
- Welches sind die Solldaten für die Fertigstellung?
- Wer wird für das Erreichen jedes Ziels, jeder Zielvorgabe und jedes Ablaufschrittes verantwortlich und rechenschaftspflichtig sein?
- Welche Personalbesetzung wird für die Unterstützung dieses Aktionsplans benötigt werden?
- Wie bemessen und bewerten wir die erwünschten Ergebnisse?

Welches ist mein Plan, um die Ergebnisse für meine Gruppe oder meinen Verantwortungsbereich zu erzielen?*

- Machen Sie eine Liste von Handlungsposten, deren Ausführung in Ihrem Autoritätsbereich

liegt, und schreiben Sie auch Empfehlungen auf, die von den entsprechenden Direktions- und Personalteams verabschiedet werden müssen.*
- Dann legen Sie die Solldaten für Genehmigung und Implementierung fest.*
- Ermitteln Sie den Mitarbeiterbedarf.

Anmerkungen

Vorwort

1. Peter F. Drucker, *The Five Most Important Questions You Will Ever Ask About Your Nonprofit Organization* (San Francisco: Jossey-Bass, 1993), S. 3.

Einleitung

1. Das Barnes & Noble College arbeitete mit Why Millenials Matter an einer nationalen Studie über die Vorstellungen, die Studenten von Karriere, persönlichem Antrieb, Einflüssen und Erfolgsfertigkeiten haben. www.bncollege.com/news/understanding-the-millenial-mindset

Warum Selbsteinschätzung?

1. Peter F. Drucker, *The Five Most Important Questions You Will Ever Ask About Your Nonprofit Organization* (San Francisco: Jossey-Bass, 1993), S. 2.
2. Gary J. Stern, *The Drucker Foundation Self-Assessment Tool: Process Guide*, überarbeitete Ausgabe (San Francisco: Jossey-Bass, 1999), S. 4.
3. Drucker, *Five Most Important Questions*, 3.

4. Stern, *Drucker Foundation Self-Assessment Tool*, S. 4.
5. Ebenda.
6. Peter F. Drucker, *The Drucker Foundation Self-Assessment Tool: Participant Workbook*, überarbeitete Ausgabe (San Francisco: Jossey-Bass, 1999), S. 5.
7. Ebenda, S. 6.
8. Ebenda.

Frage 1: Was ist unsere Mission?

1. Der vorangehende Text ist entnommen aus Peter F. Drucker, *The Drucker Foundation Self-Assessment Tool: Participant Workbook*, überarbeitete Ausgabe (San Francisco: Jossey-Bass, 1999), S. 14–16.

Frage 2: Wer ist unser Kunde?

1. Der vorangehende Text ist entnommen aus Peter F. Drucker, *The Drucker Foundation Self-Assessment Tool: Participant Workbook*, überarbeitete Ausgabe (San Francisco: Jossey-Bass, 1999), S. 22–24.

Frage 3: Worauf legt der Kunde Wert?

1. Der vorangehende Text ist entnommen aus Peter F. Drucker, *The Drucker Foundation Self-Assessment Tool: Participant Workbook*, überarbeitete Ausgabe (San Francisco: Jossey-Bass, 1999), S. 32–34.

Frage 4: Was sind unsere Ergebnisse?

1. Der vorangehende Text ist entnommen aus Peter F. Drucker, *The Drucker Foundation Self-Assessment Tool: Participant Workbook*, überarbeitete Ausgabe (San Francisco: Jossey-Bass, 1999), S. 40–44.
2. George, Bill, *True North: Discover Your Authentic Leadership*, mit Peter Sims (San Francisco: Jossey-Bass, 2007).
3. Hauptverwaltung, Militärministerium, *Army Leadership: ADRP 6-22* (Washington, DC: Training and Doctrine Command, 2011), 4-1.

Frage 5: Was ist unser Plan?

1. Der vorangehende Text ist entnommen aus Peter F. Drucker, *The Drucker Foundation Self-Assessment Tool: Participant Workbook*, überarbeitete Ausgabe (San Francisco: Jossey-Bass, 1999), S. 52–56.

Der Prozess der Selbsteinschätzung

1. Der vorangehende Text ist entnommen aus Peter F. Drucker, *The Drucker Foundation Self-Assessment Tool: Participant Workbook*, überarbeitete Ausgabe (San Francisco: Jossey-Bass, 1999), S. 7–8.

Zur Untersuchung empfohlene Fragen

1. Wo mit Sternchen angezeigt, ist der vorhergehende Text im Original entnommen aus: Peter F. Drucker, *The Five Most Important Questions You Will Ever Ask About Your Nonprofit Organization* (San Francisco: Jossey-Bass, 1993). Der Text,

der nicht Drucker zuzuschreiben ist, wurde von den Schulungsleiterinnen Maria Carpenter Ort und Tamara Woodbury beigesteuert – die sich ausgiebig mit Druckers *The Five Most Important Questions You Will Ever Ask about Your Nonprofit Organization* beschäftigt haben – zusammen mit Projektredakteur Peter Economy, um allgemeine Situationen anzusprechen, die nicht vom Originaltext Druckers abgedeckt werden.

Glossar

Ablaufschritte: Detaillierte Pläne und Aktivitäten, die darauf ausgerichtet sind, die Ziele einer Organisation zu erreichen.

Auswertung: Prozess zur Kontrolle des Fortschritts beim Erfüllen von Zielen und Erreichen von Ergebnissen; Punkt, an dem die Pläne zur Erreichung von Zielvereinbarungen vielleicht modifiziert werden müssen, basierend auf Erfahrung oder veränderten Bedingungen.

Budget: Der Kapitaleinsatz, der zur Implementierung von Plänen nötig ist – finanzieller Ausdruck eines bestimmten Arbeitsplans.

Ergebnisse: Endresultat der Organisation. Wird definiert als Veränderung von Leben – bezogen auf das Verhalten der Menschen, ihre Lebensumstände, Gesundheit, Hoffnungen, Kompetenz oder Leistungsfähigkeit. Ergebnisse liegen immer *außerhalb* der Organisation.

Kunden: Jene, die zufriedengestellt werden müssen, wenn die Organisation Erfolg erzielen will. Der Hauptkunde ist die Person, dessen Leben durch die Arbeit der Organisation verändert wird. Nebenkunden sind Ehrenamtliche, Mitglieder, Partner, Geldgeber, Empfehlungsquellen, Angestellte und andere, die zufriedengestellt werden müssen.

Kundennutzen: Das, was die Bedürfnisse des Kunden (sein physisches und psychisches Wohlergehen), seine Wünsche (wo, wann und wie Dienstleistung erboten wird) und Sehnsüchte (die ersehnten langfristigen Ergebnisse) befriedigt.

Mission/Auftrag: Warum man tut, was man tut: der Daseinsgrund der Organisation, ihr Zweck. Die Mission artikuliert, wofür man den Menschen am Ende im Gedächtnis bleiben will.

Plan: Ihre beabsichtigte Methode, um die grundlegenden Ziele, die Zielvorgaben und Ablaufschritte der Organisation zu erreichen. Um effektiv zu sein, müssen Pläne feste Solldaten für die Fertigstellung enthalten, außerdem bestimmte Einzelpersonen nennen, die verantwortlich und rechenschaftspflichtig für das Erreichen und die Vollendung von Zielen, Zwischenzielen und Ablaufschritten sind, sowie die dafür benötigten Ressourcen (Arbeitskräfte und Geld) aufführen.

Tiefenbefragung: Einzelgespräche, die genutzt werden, um die Einsichten einer ausgewählten Gruppe von Personen innerhalb der Organisation zu beleuchten. Befragungsergebnisse bieten einen Prüfstein für Gruppendiskussionen und Entscheidungsfindung.

Vision: Ein Bild von der erwünschten Zukunft der Organisation.

Ziele (grundlegende): Ein Satz von drei bis fünf Zielsetzungen, welche die grundsätzliche, langfristige Richtung der Organisation vorgeben.

Zielvereinbarungen: Genau bezeichnete und messbare Ebenen der Zielrealisierung.

Anmerkung

Mit Ausnahme des Eintrags für **Plan** stammt der vorausgehende Text aus Peter F. Drucker, *The Drucker Foundation Self-Assessment Tool: Participant Workbook* (San Francisco: Jossey-Bass, 1990), S. 9–10.

Zu den Mitwirkenden

Col. Bernard Banks ist Leiter des Department of Behavioral Sciences & Leadership an der United States Military Academy/West Point. Als Spezialist für Mitarbeiterführung lagen seine zahlreichen Wirkungsfelder in den Vereinigten Staaten, Südkorea und im Nahen Osten. Col. Banks erhielt zahlreiche Orden und Auszeichnungen, darunter die Bronze Star Medal und der Department of the Army's General Douglas MacArthur Leadership Award. Von der Columbia University erhielt er die Doktorwürde in organisatorischer Sozialpsychologie. Besuchen Sie die Website der United States Military Academy unter www.usma.edu.

Lauren Maillian Bias ist Gründerin und Geschäftsführerin (CEO) der LMB-Group, einer Unternehmensberatung für strategisches Marketing und Branding, die den Kunden ihre Kenntnisse aus der Praxis, ihr Expertenwissen und ihre Leidenschaft für das Marketing vermittelt. Sie ist auch Gründungspartnerin der Firma Gen Y Capital, die sich auf die Frühphasenunterstützung von Unternehmen spezialisiert hat. Bevor sie die LMB-Group gründete, war sie Gründerin und geschäftsführende Eigentümerin von Sugarleaf Vineyards, des einzigen Weinguts im US-Bundesstaat Virginia, das von einer Afroamerikanerin geleitet wurde. Sie ist Autorin von *The Path Redefined: Getting to the Top on Your Own Terms.* Besuchen Sie ihre Website unter www.laurenmbias.com.

Juana Bordas ist Präsidentin von Mastiza Leadership International und Gründungspräsidentin/CEO des National Hispana Leadership Institute. Sie diente als Kuratorin des Greenleaf Center for Servant Leadership und der International Leadership Association. Sie war der erste weibliche Lehrkörper am Center for Creative Leadership. Bordas ist Autorin von *Salsa, Soul, and Spirit – Leadership for a Multicultural Age*, das 2014 den Nautilus Award als bestes multikulturelles Buch und, ebenfalls 2014, den International Latino Book Award für Leadership erhielt. Besuchen Sie ihre Website unter www.mestizaleadership.com.

Adam Braun ist ein New-York-Times-Bestsellerautor und Gründer von Pencils for Promise, einer preisgekrönten Organisation, welche weltweit mehr als 300 Schulen auf den Weg gebracht hat. In den letzten Jahren war er in der Forbes-30-Liste der unter Dreißigjährigen zu finden, außerdem wurde er im Magazin *Wired* aufgeführt in der Kategorie »50 People Who Are Changing the World«, und er wurde in die Liste »10 Global Shapers« des *World Economic Forum* aufgenommen. Er wurde zu Vorträgen ins Weiße Haus eingeladen, sprach vor den Vereinten Nationen und war Gastredner der Clinton Global Intitative. Er ist Autor von *The Promise of a Pencil: How an Ordinary Person Can Create Extraordinary Change*. Besuchen Sie seine Website unter www.adambraun.com.

Jim Collins ist einer der größten Vordenker seiner Generation. Er untersucht und berät eingeführte, große Unternehmen – erforscht, wie sie wachsen, wie sie überdurchschnittliche Leistungen erzielen und wie aus guten Unternehmen großartige Unternehmen werden können. Er ist Autor von betriebswirtschaftlichen Klassikern wie *Der Weg zu den Besten* und *Immer erfolgreich* und der Analyse *Good to Great and the Social Sectors*. Besuchen Sie seine Website unter www.jimcollins.com.

Caroline Ghosn ist Mitbegründerin und CEO von Levo League, einem Unternehmen, das Technologie nutzt, um seine Netzwerk-Mitglieder zu fördern und sie mit den benötigten Instrumenten auszustatten, die nötig sind, um exzellente Leistungen aufzubauen – um ihr Talent zu entwickeln, Verbindungen herzustellen und voneinander zu lernen. Im Jahr 2012 mit Büros in New York und San Francisco gegründet, beschäftigt Levo inzwischen mehr als 9 Millionen Experten und wurde zum größten und am schnellsten wachsenden beruflichen Netzwerk der Generation Y. Ghosn wurde kürzlich vom Magazin *Fast Company* als einer der kreativsten Köpfe bezeichnet und *Mashable* führt sie als eine Unternehmensgründerin auf, die jeder Unternehmer kennen sollte. Besuchen Sie die Levo-Website unter www.levo.com.

Kelly Goldsmith trat 2009 der Marketing-Fakultät der Kellogg School of Management bei und erhielt den Abschluss einer Donald P. Jacobs-Scholarin. Die Forschung von Dr. Goldsmith konzentriert sich auf Kundenentscheidungen, speziell auf die Untersuchung, inwiefern Ziele und Wertvorstellungen von Verbrauchern ihre Kaufentscheidung beeinflusst. Zuvor hatte Dr. Goldsmith ihr Studium an der Yale University mit dem Magister und anschließender Promotion beendet. Besuchen Sie die Website der Kellogg School unter www.kellogg.northwestern.edu.

Marshall Goldsmith ist eine weltweit anerkannte Autorität, er hilft erfolgreichen Führungskräften dabei, positive, andauernde Verhaltensänderungen zu erzielen: für sich selbst, für ihre Mitarbeiter und ihre Teams, und er wurde 2013 von *Thinkers50* zu einem der zehn einflussreichsten Unternehmens-Vordenker weltweit gezählt und gilt als Top-Coach für Führungskräfte. Er ist Autor oder Herausgeber von 34 Büchern mit Millionenauflage, darunter die New York Times- und Wall

Street Journal-Bestseller *MOJO* und *What Got You Here Won't Get You There* – letzteres Nummer eins auf der Business-Buchliste des *Wall Street Journal* und Gewinner des *Harold Longman Award* als *Business Book of the Year*. Seine Bücher wurden in mehr als 30 Sprachen übersetzt und wurden in zwölf Ländern zu Bestsellern. Besuchen Sie seine Website unter www.marshallgoldsmithlibrary.com.

Frances Hesselbein ist Gründungspräsidentin und Vorsitzende des *Frances Hesselbein Leadership Institute*, ehemals *Peter F. Drucker Foundation for Nonprofit Management*. Sie war CEO der Girl Scouts of the USA und erhielt mit der Presidential Medal of Freedom die höchste zivile Ehrenauszeichnung der USA. Sie ist Autorin von *My Life in Leadership: The Journey and Lessons Learned Along the Way, Hesselbein on Leadership* und *More Hesselbein on Leadership* sowie Mitverfasserin zwanzig weiterer Bücher, darunter *Be, Know, Do*, außerdem ist sie Chefredakteurin der preisgekrönten Fachzeitschrift *Leader to Leader*. Besuchen Sie die Instituts-Website unter www.HesselbeinInstitute.org.

Nadira Hira ist eine preisgekrönte Autorin, Herausgeberin, Vortragsrednerin, Allround-Fernsehfrau und Generation-Y-Expertin. Sie ist Mitglied des Beratergremiums »Millenniumsgeneration« des *Cosmopolitan*-Magazins und Autorin des in Kürze erscheinenden Buchs *Misled: How a Generation of Leaders Lost the Faith (And Just What You'll Need to Get It Back)*. Erfahren Sie mehr über ihre Arbeit unter www.nadirahira.com.

Philip Kotler ist S. C. Johnson & Son Distinguished Professor for International Marketing an der Northwestern University Kellog Graduate School of Management in Chicago und hat gemeinsam mit Nancy Lee das Buch *Corporate Social Responsibility: Doing the Most Good for Your Company and Cause* geschrieben. Besuchen Sie die Website der Kotler Marketing-Gruppe unter www.kotlermarketing.com.

Jim Kouzes verfasste gemeinsam mit Barry Posner den preisgekrönten Bestseller *The Leadership Challenge* mit mehr als einer Million verkaufter Exemplare. Er ist auch leitendes Mitglied des Center for Innovation and Entrepreneurship, Leavey School of Business, Santa Clara University. Besuchen Sie die Kouzes-Posner-Website unter www.kouzesposner.com.

Raghu Krishnamoorthy ist bei General Electric (GE) für globale Förderung, Ausbildung und Entwicklung junger Talente verantwortlich sowie weltumspannend für die Führungskräfte-Entwicklungsorganisation Crotonville. Von 2009 bis 2013 war er Vizepräsident Personalwesen bei GE Aviation, einem 20-Mrd-Dollar-Unternehmen. Zuvor war er Leiter Human Resources für die Werbungs- und Kommunikationsorganisation von GE und verantwortlich für die globale Förderung der Konzernwerbung; er war auch Mitglied des Werbungs-Rats von GE. Besuchen Sie die Website von General Electric unter www.ge.com.

Joan Snyder Kuhl hat mehr als 13 Jahre Management-Erfahrung in den Bereichen Verkauf, Marketing, organisatorische Erfolgskontrolle, Ausbildung und Entwicklung bei den Unternehmen Eli Lilly, Forest Laboratories und Actavis gesammelt. Nach einem Jahrzehnt als Hochschulsprecherin, Mentorin und Coach von Tausenden Millennials aus der ganzen Welt gründete Kuhl ihr Unternehmen Why Millennials Matter. Why Millennials Matter ist ein Forschungs- und Beratungsunternehmen mit Stammsitz in New York City, das sich auf die Generation Millennium fokussiert hat und darauf, bei Arbeitgebern ein Bewusstsein dafür zu stärken, wie wertvoll ihre Investitionen in die jüngere Arbeitnehmerschaft und in das Segment der Millenniums-Konsumenten ist. Sie ist eine international renommierte

Vortragsrednerin, Autorin und Aufsichtsratsmitglied des Frances Hesselbein Leadership Institute und Mitglied des Beratergremiums »Millenniumsgeneration« des *Cosmopolitan*-Magazins. Besuchen Sie ihre Website unter www.whymillennialsmatter.com.

Kass Lazerow ist eine Serienunternehmerin, deren letztes Unternehmen, Buddy Media, von Salesforce.com für 745 Millionen Dollar erworben wurde. Sie hat umfassende Erfahrung im Marketing, in Human Relations, Finanzwesen und Betriebslehre. Vor Buddy Media gründete Lazerow GOLF.com, das 2006 an Time Inc. verkauft wurde. Als Mitgründerin, Präsidentin und Geschäftsführerin half sie GOLF.com von der Idee bis zum Multimillionen-Dollar-Internet-Verbraucherportal. Lazerow investiert aktiv in digitale Medienunternehmen durch Lazerow Ventures, ein Investment-Fonds, der in mehr als 40 Technologie-Firmen investiert hat, darunter Facebook, Tumblr, BuzzFeed, *Mashable*, Domo, Rebel Mous und Namely. Besuchen Sie ihre persönliche Website unter www.lazerow.com.

Mike Lazerow ist ein Serienunternehmer, dessen letztes Unternehmen, Buddy Media, von Salesforce.com für 745 Millionen Dollar erworben wurde. Er ist weithin anerkannt als einer der innovativsten Führungspersönlichkeiten für digitale Medien und Marketing. Er verfasst unter anderem Artikel für *Fortune, Advertising Age, AllthingsD* von Dow Jones, *Fast Company, Inc.* und ist ein häufiger Gast bei CNN, CNBC, Bloomberg, BBC und anderen Fernsehsendern. Lazerow investiert aktiv in digitale Medienunternehmen durch Lazerow Ventures, ein Investment-Fonds, der in mehr als 40 Technologie-Firmen investiert hat, darunter Facebook, Tumblr, Buzz Feed, *Mashable*, Domo, Rebel Mous und Namely. Er glaubt an ein Leben ohne Angst und nutzt seine zwei Nahtoderfahrungen als Herzchirurgie-Patient, andere dazu zu inspirieren, dasselbe zu tun.

Lazerow graduierte 1996 an der Northwestern University mit einem Abschluss in Journalistik. Besuchen Sie seine persönliche Website unter www.lazerow.com.

Luke Owings arbeitete zuletzt für das Fullbridge Program und betreute das operative Coaching-Geschäft. Owings verliebte sich in das Klassenzimmer des 21. Jahrhunderts, als er das Glück hatte, während der Arbeit an seinem MBA-Abschluss an der Harvard Business School 2011 bereits einen Job als Lehrkörper zu erhalten. Er plant, es während seiner gegenwärtig weniger strukturierten Karrierephase, zu der er jüngst aufbrach, global zu erkunden. Vor seiner Zeit an der Harvard Business School machte Owings seinen BA in Wirtschaftswissenschaften an der Princeton University und verbrachte seine frühe Karriere bei McKinsey in Washington D.C. Gerne können Sie Kontakt zu Owings aufnehmen unter owings.luke@gmail.com.

Michael Radparvar ist Mitbegründer von Holstee, einer in Brooklyn basierten Arbeitsgemeinschaft, die Produkte herstellt und Erfahrungen vermittelt, die jedem helfen sollen, sich daran zu erinnern, was wichtig ist. Er ist bei Holstee »Chef-Storyteller« und teilt der Welt mit, welche innovativen Herangehensweisen das Unternehmen für Materialien, Design und Produktion entwickelt hat. Gemeinsam mit seinen Mitgründern David Radparvar und Fabian Pfortmüller hat er ein Unternehmen geschaffen, das von Werten geleitet ist und zur Kultmarke seiner Generation wurde. Erfahren Sie mehr über Holstee unter www.holstee.com.

V. Kasturi Rangan ist Malcolm P. McNair Professor of Marketing an der Harvard Business School und Co-Autor von *Business Solutions for the Global Poor: Creating Social and Economic Value* und *Transforming Your Go-to-Market Strategy: The Three Disciplines of Channel Management*. Bis dahin Vorsitzender des Marketing Department (1998-2002), ist er jetzt Mitvorsitzender

der Social Enterprise Initiative der Harvard Business School. Besuchen Sie die Harvard Business School unter www.hbs.edu.

Judith Rodin ist seit März 2005 Präsidentin der Rockefeller-Stiftung. Dr. Rodin, wegweisende Forscherin auf dem Gebiet der Psychologie, war zuvor Präsidentin der University of Pennsylvania und damit die erste Frau, die einer der Eliteuniversitäten im Nordosten der USA vorstand. Davor hatte sie die Universität Yale geleitet. Besuchen Sie die Website der Rockefeller Foundation unter www.rockfound.org.

Über das Frances Hesselbein Leadership Institute

Wir begannen 1990 als Peter F. Drucker Foundation for Nonprofit Management mit einer simplen Herausforderung: Wie wir die besten Gedanken zu Leadership und Management unserer Partner im sozialen, öffentlichen und privaten Sektor der Öffentlichkeit mitteilen konnten.

Sechs Wochen nachdem Frances Hesselbein die US-Pfadfinderorganisation (Girl Scouts of the USA) verließ, die größte Organisation für Mädchen und Frauen weltweit, wurde sie CEO der kleinsten Stiftung der Welt, mit keinem Geld und keinen Angestellten ausgestattet – nur mit einer leidenschaftlichen Vision und Mission.

Fünfundzwanzig Jahre später hat die Organisation mit Beiträgen von mehr als 500 Vordenkern 27 Bücher in 30 Sprachen veröffentlicht und bringt eine vierteljährlich erscheinende Zeitschrift heraus, *Leader to Leader*, welche den Apex Award gewann und zu einer wesentlichen Hilfsquelle für Führungspersönlichkeiten in Privatwirtschaft, Regierung und im sozialen Sektor geworden ist. Im Jahr 2012 ehrte das Institut seine aktive Gründungspräsidentin Frances Hesselbein mit einer Umbenennung des Instituts in ihren Namen.

Als eine der höchstangesehenen Expertinnen auf dem Gebiet zeitgenössischer Leadership-Entwicklung wurde Frances Hesselbein 1998 mit der Presidential Medal of Freedom ausgezeichnet, der höchsten zivilen Ehrenauszeichnung der USA. Mit der Auszeichnung wurde sie für ihre Verdienste als CEO der US-Pfadfinderinnen-Organisation ebenso ausgezeichnet wie für ihre Rolle als Gründungspräsidentin dieses Instituts.

Durch Unterstützung von Leadership, das

- auf der Leidenschaft zu dienen,
- der Disziplin zuzuhören,
- dem Mut, infrage zu stellen,
- und dem Geist des Miteinanders gründet,

arbeitet das Hesselbein Institute dafür, einen offenen und reaktionsfähigen globalen sozialen Sektor zu schaffen.

Aufbauend auf seinem Vermächtnis der Innovation erkundet das Hesselbein Institute neue Denkansätze, um die Führung des sozialen Sektors zu stärken. Mit dem Talent und der Inspiration, die sich aus solch unterschiedlichen Quellen wie Städteplanungsgremien, Aufsichtsräten bis hin zu Vertretern der US-Armee zusammensetzen, hilft das Institut Organisationen des sozialen Bereichs, neue Führungskräfte zu akquirieren, die neue Wege des Managements beschreiten, die den Wandel begrüßen und die bereit und willens sind, überlebte Praktiken aufzugeben.

Das Hesselbein Institute bietet innovative und wichtige Ressourcen, Produkte und Erfahrungen, welche Führungskräfte der Zukunft befähigen, sich mit aufkommenden Chancen und Herausforderungen zu beschäftigen. Das Institut vermittelt wertvolles Wissen, welches über zwei Dekaden hinweg gepflegt und aufgebaut wurde – von der bahnbrechenden Arbeit als Peter F. Drucker Foundation for Nonprofit Management bis zum gegenwärtigen Fokus auf Leadership-Bildungsarbeit und zeitgemäße Management-Publikationen – geleitet und vorangetrieben durch die Vision, das Engagement und den zündenden Funken von Frances Hesselbein.

Danksagung

Dieses Buch feiert das 25-jährige Bestehen des Frances Hesselbein Institute – dem Teilen der besten Gedanken über Leadership und Management mit unseren Partnern auf sozialen, öffentlichen und privaten Gebieten – und unsere langdauernde Partnerschaft mit John Wiley & Sons. Wir möchten all jenen, die bei der Entstehung halfen, unseren tiefen Dank ausdrücken: Peter F. Drucker, Bernard Banks, Lauren Maillian Bias, Juana Bordas, Adam Braun, Jim Collins, Theresa Drapkin, Frances Hesselbein, Caroline Ghosn, Kelly Goldsmith, Marshall Goldsmith, Justine Elyse Green, Nadira Hira, Philip Kotler, Jim Kouzes, Raghu Krishnamoorthy, Kass Lazerow, Mike Lazerow, Luke Owings, Michael Radparvar, V. Kasturi Rangan und Judith Rodin. Alison Hankey vom Verlag John Wiley & Sons sorgte von Anfang an für Unterstützung und Anleitung. Joan Snyder Kuhl setzte sich für die Idee dieser Neuausgabe ein und ließ ihre Leidenschaft für die junge Führungsgeneration in die Entwicklung dieses Projekts fließen. Die Fokussierung und Struktur des Buches schulden wir unserem talentierten schreibenden und veröffentlichenden Kollegen, Peter Economy.

Besonders dankbar sind wir allen Mitgliedern des Aufsichtsrats des Frances Hesselbein Leadership Institute, welche die Weichen stellten, dieses Buch zu realisieren: dem Vorsitzenden Will Conway, Carla Grantham, Joan Snyder Kuhl, Charlie O'Connor und Keith Schaefer. Wir danken Ihnen aus tiefstem Herzen. Ihre Unterstützung und Ihr Lenken wird über Jahre hinaus das Leben von Menschen auf der ganzen Welt beeinflussen. Der frühere Vorsitzende des Hesselbein Institute, Chris Fralic, half, diese Idee zu entzünden und war eine zuverlässige Quelle von Rat und Unterstützung.

Die ausschließlichen Sponsoren dieser Ausgabe von Peter Druckers Five Most Important Questions sind Mutual of America Life Insurance Company und TIAA-CREF.

Mutual of America Life Insurance Company wurde 1945 gegründet, um den finanziellen Bedürfnissen des gemeinnützigen Sektors zu dienen. Mutual of America erkennt auch seine Verantwortung als sozial verantwortliches Unternehmen an, der Gemeinschaft, der es dient, etwas zurückzugeben. Das Sponsoring dieser Ausgabe ist ein weiteres Beispiel für das Engagement von Mutual, jene zu unterstützen und jenen zu dienen, die ihr Leben der Fürsorge der Menschen widmen, die ihrer am meisten bedürfen.

Gegründet 1918, hält TIAA-CREF unverbrüchlich an seiner Mission fest »To serve those who serve others« (Jenen dienen, die anderen dienen). Das Sponsoring dieses Buches von TIAA-CREF ist die Bestätigung dafür, wie wichtig es ist, den Kunden an die erste Stelle zu setzen. TIAA-CREF erfreut sich eines reichen gemeinnützigen Kulturerbes und engagiert sich dafür, eine Reihe von Lösungen bereitzustellen, um lebenslanges finanzielles Wohlergehen für jene zu ermöglichen, die sich der Bereicherung des Lebens anderer Menschen widmen.

Der wachsenden Zahl der Hesselbein-»Mitreisenden« – Unterstützern des Instituts, Berufsexperten, führenden Kräften im Gemeinwesen, hochrangigen Führungskräften aus der Wirtschaft, Offiziersanwärtern, Studenten, jenen, die an der University of Pittsburgh an der Frances Hesselbein Global Academy for Student Leadership and Civic Engagement teilnehmen und teilgenommen haben – Ihnen allen sei gesagt: Ihre Energie und Ihre Leidenschaft für Leadership sind ansteckend. Sie sind unsere Inspiration, Sie sind die Zukunft!

Ergänzende Quellen

- Das Drucker-Institut: www.druckerinstitute.com
- Das Frances Hesselbein Leadership Institute: www.hesselbeininstitue.org
- Das Journal *Leader to Leader*: www.leadertoleaderjournal.com
- Hesselbein Global Academy for Student Leadership and Civic Engagement: www.hesselbein.pitt.edu
- Frances Hesselbein Student Leadership Program: http://bit.ly/hesselbein
- Why Millennials Matter (Joan Snyder Kuhl): www.whymillennialsmatter.com
- Col. Bernard Banks, HBR Blog Network: http://blogs.hbr.org/col-bernard-banks
- Juana Bordas: www.juanabordas.com
- Pencils of Promise (Adam Braun): www.pencilsofpromise.org

- Levo League (Caroline Ghosn): www.levo.com
- Blog von Marshall Goldsmith: www.marshallgoldsmithfeedforward.com/marshallgoldsmithblog
- Blog von Nadira Hira: www.nadirahira.com/blog
- Philip Kotler, Harvard Business Review: http://hbr.org/authors/kotler
- The Leadership Challenge (Jim Kouzes): www.leadershipchallenge.com
- Raghu Krishnamoorthy, HBR Blog Network: http://blogs.hbr.org/raghu-krishnamoorthy

Der Klassiker

PETER F. DRUCKER

Die fünf entscheidenden Fragen des Managements

2009. 189 Seiten.
Gebunden.
ISBN: 978-3-527-50451-0
€ 14,95

Der clevere Begleiter für die Hemdtasche des Managers.

Mit fünf einfachen und doch komplexen Fragen wird auf die essenziellen Bestandteile und Verbesserungsmöglichkeiten des Managements von Unternehmen aufmerksam gemacht.

Wiley
Postfach 10 11 61 • D-69451 Weinheim
Fax: +49 (0)6201 606 184
E-Mail: service@wiley-vch.de
www.wiley-vch.de